五禽戏·六字诀

全民健身项目指导用书

方方◎主编

吉林出版集团股份有限公司　全国百佳图书出版单位

图书在版编目（CIP）数据

五禽戏·六字诀 / 方方主编. —— 2版. —— 长春：
吉林出版集团股份有限公司，2010.2（2024.8 重印）
全民健身项目指导用书
ISBN 978-7-5463-2347-3

Ⅰ.①五… Ⅱ.①方… Ⅲ.①五禽戏（古代体育）–
基本知识②气功–健身运动–基本知识 Ⅳ.①
G852.9②R214

中国版本图书馆 CIP 数据核字(2010)第 028358 号

全民健身项目指导用书

五禽戏·六字诀

WUQINXI·LIUZIJUE

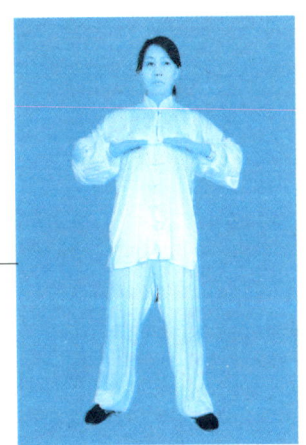

主　　编	方 方
责任编辑	黄 群 杜 琳
封面设计	吕宜昌
开　　本	650mm×960mm　1/16
印　　张	7.5
字　　数	30 千
版　　次	2010 年 2 月第 2 版
印　　次	2024 年 8 月第 4 次印刷

出版发行	吉林出版集团股份有限公司
地　　址	吉林省长春市福祉大路 5788 号
邮　　编	130000
电　　话	0431-81629968
电子邮箱	11915286@qq.com
印　　刷	三河市金兆印刷装订有限公司
书　　号	ISBN 978-7-5463-2347-3　定　价　39.80 元

序言

自 1995 年我国政府推出《全民健身计划纲要》以来，我国群众性体育活动蓬勃发展，取得了显著的成绩。2008 年，举世瞩目的北京奥运会的成功举办，极大地激发了亿万人民群众的体育热情，增强了全社会的体育意识，营造了浓厚的全民健身氛围。面对这样的可喜局面，群众体育科研、教学工作者应义不容辞地为社会实践服务，从不同角度思考，如何使普通百姓通过简而易行的身体锻炼方式、方法和手段达到良好的健身效果，达到拥有健康的目标，从而享受生活、享受快乐人生。该书系就是在这样的思想指导下诞生的。

本书系能够顺应国家体育的大政方针，掌握时代脉搏，对指导大众健身，使大众掌握健身方法和手段有很好的促进作用。

本书系图文并茂，实用性强，分为球类运动、体操健身运动、传统武术、冰雪运动、水上运动、体育舞蹈、休闲运动、格斗运动、民间体育活动和极限运动等十大类项目，计 100 分册，按照统一的体例，力争有所创新。每册的具体内容为该项目的起源与发展、运动保健、基本

技术、运动技巧、比赛规则等，使读者在学习过程中，不仅能够学会运动健身的方法，同时还能够学到保健方面的基本知识。

经国务院批准，自 2009 年起，将每年的 8 月 8 日定为"全民健身日"。《全民健身项目指导用书》的出版，必将为开展全民健身活动起到积极的推动和指导作用。

目录 CONTENTS

目录 CONTENTS

第一章　概述

　　五禽戏是我国一种传统健身方法，由五种模仿动物的动作组成，又称"五禽操""五禽气功""百步汗戏"等。六字诀是我国古代流传下来的一种养生方法。它的最大特点是能强化人体内部的组织机能，通过呼吸导引，充分诱发和调动脏腑的潜在能力来抵抗疾病的侵袭，防止人随着年龄的增长而出现的过早衰老。

第一节

起源与发展

　　五禽戏是我国东汉时期名医华佗根据古代导引、吐纳、熊经、鸟伸之术，研究了虎、鹿、熊、猿和鸟五种动作的活动特点，并结合人体脏腑、经络和气血的功能而编成的一套具有民族风格的体育保健运动。

　　六字诀的历史久远，流传广泛。它是通过呬、呵、呼、嘘、吹和嘻六个字的不同发音口型，唇齿喉舌的用力不同，以牵动不同的脏腑经络气血的运行。由于其具有益寿延年、治病祛病的功效，所以深受人们的喜爱。

五禽戏的起源

　　相传五禽戏是由东汉名医华佗模仿虎、鹿、熊、猿、鸟5种动物的动作创编的一套防病、治病、延年益寿的医疗气功。它是一种外动内静、动中求静、动静兼备、刚柔并济、内外兼练的仿生功法。但也有人认为华佗只是五禽戏的整理改编者，在汉代以前已经有许多类似的健身法。最早记载了五禽戏的书是南北朝陶弘景的《养性延命录》。

　　从现有文献资料看，南北朝时名医陶弘景所著的《养性延命录》是最早用文字描述了五禽戏的具体动作的著作。此后，在明代周履靖的《夷门广牍赤凤髓》、清代曹无极的《万寿仙书导引篇》和席锡蕃的《五禽舞功法图说》等著作中，都以图文并茂的形式，比较详细地描述了五禽戏的习练方法。

六字诀的起源

六字诀最早见于南北朝时期梁代陶弘景所著的《养性延命录》。陶弘景是当时著名的道家修炼人士，同时也是一位著名的中医学家。他收集和整理了南朝以前历代有关养生的论述，辑成《养性延命录》。在《养性延命录》中记载："纳气一者，谓吸也；吐气六者，谓吹、呼、唏、呵、嘘、呬，皆为长息吐气之法……委曲治病，吹以去热，呼以去风，唏以去烦，呵以下气，嘘以散寒，呬以解极。"这些记载即后世六字诀或六字气诀的起源。

自陶弘景之后，历代都有关于六字诀的记述，在六字的发音及与脏腑的配合上，也有不少发展变化。隋代天台高僧智𫖮大法师，在所著的《修习止观坐禅法要》一书中，也提出了六字诀治病方法。传至唐代名医孙思邈，按五行相生之顺序，配合四时之季节，编写了卫生歌，奠定了六字诀治病的基础。

宋代邹朴庵的《太上玉轴六字气诀》中，不但对呼吸和读音方法提出具体要求，"念时耳不得闻声""念闭低头闭口，以鼻徐徐吸天地之清气""吸时耳亦不得闻声"，还加了叩齿、搅海、咽津等预备功。此外，明代以前的六字诀不配合肢体动作，只是单纯的吐纳功夫。自明代以后，六字诀开始有了肢体动作，将吐纳与导引结合起来。相关的著作有明代冷谦的《修龄要旨》、胡文焕的《类修要诀》等。

五禽戏和六字诀在中国民间广为流传，也是流传时间最长的健身方法。因二者的动作简单易行，不受年龄的限制，且健身效果明显，深受人们的喜爱。

 五禽戏的传播

在五禽戏的发展过程中，出现了不同的流派，每个流派都有着各不相同的风格和特点。总的来看，他们都是根据"五禽"动作，结合自身练功体验所编的"仿生式"导引法，以活动筋骨、疏通气血、防病治病、健身延年为目的。其中，有偏重肢体运动，模仿"五禽"动作，意在健身强体的为外功型，即通常所说的五禽戏；有仿效"五禽"神态，以内气运行为主，重视意念锻炼的，为内功型，如五禽气功图；有以刚为主，通过拍打、按摩来治疗疾病，甚至被用于散手技击、自卫御敌的，如五禽拳、五禽散手等；还有以柔劲为主，讲究动作姿势优美矫健，以舞蹈形式出现的，如五禽舞、五禽舞功法图说等。

1982 年 6 月 28 日，中国卫生部、教育部和当时的国家体委发出通知，把五禽戏等中国传统健身法作为在医学类大学中推广的"保健体育课"的内容之一。2003 年，中国国家体育总局把重新编排后的五禽戏等健身法作为"健身气功"的内容向全国推广。

新编的健身气功五禽戏动作简便易学，动作数量沿用了陶弘景《养性延命录》的描述，为 10 个动作，每戏 2 动，并在功法的开始和结束增加了起势调息和引气归元，体现了形、意、气的合一，符合习练者特别是中老年人运动的规律；动作设计考虑与形体美学、现代人体运动学有机结合，体现时代特征和科学健身理念；功法符合中医的基础理论、五禽的秉性特点，配合中医脏腑、经络学说，既有整体的健身作用，每一戏又有特定功效。

 六字诀的传播

中华人民共和国立后，党和政府对民族传统体育项目非常重视。1982年 6 月 28 日，中国卫生部、教育部和当时的国家体委发出通知，把六字诀等中国传统健身法作为在医学类大学中推广的"保健体育课"的内容之一。

随着时间变迁，这些六字诀功法又有了新的变化和发展。为了挖掘整理优秀传统养生健身功法，规范和推广健身气功，国家体育总局对传统的各种六字诀功法与文献进行了大量整理与研究，结合现代社会的特点和全民健身运动的需要，编创了一套具有时代特征的健身气功新功法——健身气功·六字诀。2003 年，中国国家体育总局把重新编排后的六字诀等健身法作为"健身气功"的内容向全国推广。

第二节

场地和装备

五禽戏和六字诀对场地和装备的要求不高，是便于练习者健身的有氧运动。

 场地

日常练习时对场地要求不高，一块平整的场地即可，如果有良好的环境，则效果更佳。

（1）一般正规比赛中的场地都为平地或其上铺地毯。场地长 14 米，宽 5 米，沿四周内沿标明 5 厘米宽的边线。

（2）在多人比赛或集体练习中，场地的长度和宽度就相应增加 2～3 米。

 装备

练习五禽戏和六字诀的装备与一般的武术练习装备相同。

服装

可选用武术运动员专用服装或选择具有中华民族特色的，适合运动穿用的各式服装。

要求

1.正规武术竞技比赛

(1)武术的服装要以宽松，易透汗为佳，颜色主要分黑、红、蓝、白，常用的为黑色，并且应具备耐磨，抗划伤的优点；

(2)服装上不得有多余的附带物；

(3)鞋一般用软胶底，应便于蹬地和发力，而且防滑，最好是聚氨酯鞋底，耐磨，轻便舒适。

2.自行练习

自行练习对衣着没有特别要求。

概述

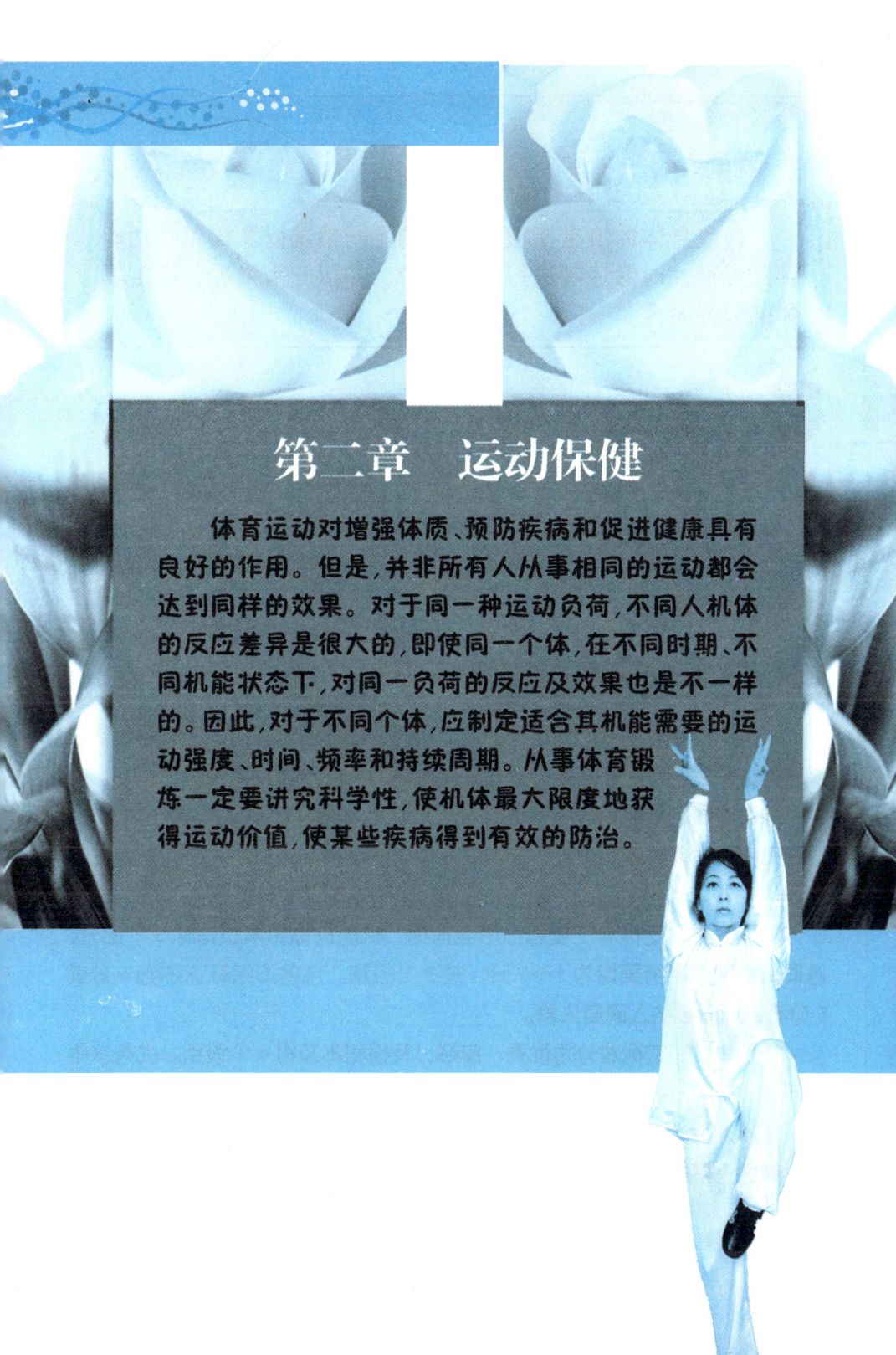

第二章　运动保健

体育运动对增强体质、预防疾病和促进健康具有良好的作用。但是,并非所有人从事相同的运动都会达到同样的效果。对于同一种运动负荷,不同人机体的反应差异是很大的,即使同一个体,在不同时期、不同机能状态下,对同一负荷的反应及效果也是不一样的。因此,对于不同个体,应制定适合其机能需要的运动强度、时间、频率和持续周期。从事体育锻炼一定要讲究科学性,使机体最大限度地获得运动价值,使某些疾病得到有效的防治。

第一节

自我身体评价

　　自我身体评价是指根据个体的不同情况以及简单的功能评定标准，对锻炼者进行身体评价，并以此为依据，确定具体的锻炼内容。

 适宜人群 ◆◆◆◆◆◆◆◆

　　体适能是全身适应性的一部分，是人体精神和体力对现代生活的适应能力。为了促进健康，预防疾病，提高生活质量和工作学习效率，几乎所有人都可以追求健康的体适能，而且经过简单的评价和测试，均可以成为目标人群，即适宜人群。

 健康体适能评价标准

　　健康体适能是指身体有足够的活力和精力处理日常事务，而不会感到过度疲劳，并且还有足够的精力去享受休闲活动和应对突发事件。

　　健康体适能是确定锻炼者是否为运动适宜人群的主要依据。目前的评价标准主要包括国民体质测定标准、学生体质测定标准和普通人群体育锻炼标准等。

　　国民体质测定标准主要包括形态指标、机能指标和素质指标 3 个部分，各项指标的测定结果均为 1～5 分，共 5 个级别。凡各项指标达不到 4 分或 5 分者，均应被纳入健身人群。

　　学生体质测定标准分为优秀、良好、及格和不及格 4 个级别。优秀水平以下者，均应被纳入健身人群。

　　普通人群体育锻炼标准分为 5 个级别，凡达不到 4 分或 5 分者，均应被纳入健身人群。

简易运动功能评定

简易运动功能评定的目的在于确定运动对象有无运动禁忌症或临时运动禁忌的情况，即是否适合参加体育锻炼，以达到防备万一，避免意外事故发生的目的。目前通行的方式是 3 分钟踏台阶测试。

目的

测试锻炼者运动后心率恢复的情况，以评估其心肺功能。

器材 见图 2-1-1

30 厘米高的长凳、节拍器、秒表和时钟。

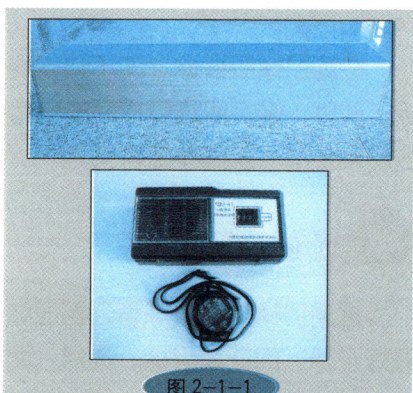

图 2-1-1

步骤 见表 2-1-1

（1）节拍器设定为每分钟 96 次，锻炼者依"上上下下"的节拍运动 3 分钟。

（2）锻炼者完成 3 分钟踏台阶后，5 秒钟内开始测量其脉搏，时间为 1 分钟，记录其心率，并依据下表评价其功能水平。

（3）运动后心率越低，证明其心肺功能越好。在运动强度允许的范围内，锻炼者可选择运动强度的较高值来进行运动。

表 2-1-1　3 分钟台阶测试评价表

	年龄（岁）	欠佳（次）	尚可（次）	一般（次）	良好（次）	优异（次）
男士	18~25	>115	105~114	98~104	89~97	<88
	26~35	>117	107~116	98~106	89~97	<88
	36~45	>119	112~118	103~111	95~102	<94
	46~55	>122	116~121	104~115	97~103	<96
	56~65	>119	112~118	102~111	98~101	<97
	65+	>120	114~119	102~113	96~102	<95
女士	18~25	>125	117~124	107~116	98~106	<97
	26~35	>128	119~127	111~118	98~110	<97
	36~45	>128	118~127	110~117	102~109	<101
	46~55	>127	121~126	114~120	103~113	<102
	56~65	>128	118~127	112~117	104~111	<103
	65+	>128	122~127	115~121	101~114	<100

 注意事项

如受试者经过努力仍无法完成测试，或出现头晕、胸闷、出冷汗等症状，应终止测试。运动中应特别考虑运动强度，以防出现意外。

锻炼目标

锻炼目标应根据个体不同的身体状况来确定，可分为近期目标和远期目标。此外，确定锻炼目标还应结合锻炼者的运动意向、愿望和兴趣以及本人的健康状况、疾病程度等因素。

 近期目标

近期目标是指锻炼者近期应达到的目标。在进行运动之前，应首先明确锻炼目标，即近期目标。选择一两个健康体适能构成要素，作为未来两个月内努力完成的目标，而且应从成功概率较高的构成要素开始，并将预期两个月后要达到的目标做上记号，如提高某个或某些关节的活动幅度，增强某个肌肉群的力量等。

 远期目标

远期目标是指锻炼者最终要达到的目标。实践证明，经过科学合理的锻炼后，锻炼者是可以达到一般的远期目标的，如提高心肺功能，使其达到优秀的等级，或达到降血脂、防治高血压和冠心病的目的等。

 运动负荷

运动负荷即运动量。怎样控制运动量，合适的运动时间是多少等，一直是人们争论不休的问题。但有一点是可以肯定的，那就是任何有关身体活动的意见和建议，都需要综合考虑锻炼者的身体状况和所要达到的目标，并以此为依据来制订科学的身体锻炼计划。

 **运动强度**

运动过程中，运动强度过小，达不到锻炼的效果；运动强度过大，不仅达不到最佳的锻炼效果，还可能产生一些副作用，甚至出现意外事故。确定运动强度有两种方法。

心率简易推测法

（1）年龄在 20 岁左右的年轻人，身体健康，能坚持体育锻炼，欲进一步提高身体机能，可取最大心率值（最大心率值 =220－年龄）的 65％～85％。

（2）年龄在 45 岁以下，身体基本健康，有运动习惯者，开始进行健身锻炼，可取最大心率值的 65％～80％，没有运动习惯者，开始进行健身锻炼，可取最大心率值的 60％～75％。

（3）年龄在 45 岁以上，身体基本健康，有运动习惯者，开始进行健身锻炼，可取最大心率值的 60％～75％，没有运动习惯者，建议根据自身情况咨询专业人员来指导和确定运动强度。

主观感觉疲劳分级表推测法　见表 2-1-2

运动的疲劳程度大致分为 10 级，具体为：0～1 级，没感觉；2～3 级，尚轻松；4～5 级，稍累；6～7 级，累；8～9 级，很累；10 级，精疲力竭。因此，健身锻炼的运动强度应控制在主观感觉疲劳程度的 4～7 级。

 表 2-1-2　主观感觉疲劳分级表

0 轻松	•	2 尚轻松	•	4 稍累	•	6 累	•	8 很累	•	10 精疲力竭

运动频率

运动频率是指每日及每周锻炼的次数。一般每周锻炼 3～4 次，即隔日锻炼 1 次即可。有充足的休息时间，可使身体得到充分的休息，收到更好的锻炼效果。

运动持续时间

运动强度和运动持续时间，决定了一次锻炼的运动量和热量消耗。运动持续时间与运动强度成反比，运动强度大，运动持续时间可相应缩短，运动强度小，则运动持续时间应相应延长。

一般的健身锻炼，运动持续时间以每天 20～60 分钟为宜，其中包括准备活动时间、健身锻炼时间和整理活动时间。每次健身锻炼应在 20 分钟以上，锻炼可一次性完成，也可分段进行，但每段的活动时间应在 10 分钟以上。

第二节

运动价值

运动价值一直是人们探讨的问题，一般认为运动具有两方面的价值，即健身价值和心理价值。身体和精神的健康是相互依存的，伴随着身体功能的改善，精神状况逐渐也能同时得到改善。

健身价值

健身价值在于提高体适能。体适能包括心肺耐力素质、肌肉力量素质、柔韧性素质和身体成分等。体适能的发展是积极从事锻炼的结果，只有规律性的体育锻炼才能达到最佳的体适能。

提高心肺耐力素质

心肺耐力是指全身肌肉进行长时间运动的持久能力，是体内心肺系统对身体各细胞的供氧能力。人体的心脏、肺、血管、血液等组织的功能是心肺耐力的基础，它们与氧气和营养物质的输送以及代谢物的清除有关。健全的心肺功能是健康的基本保证。

系统的体育锻炼，可以使心肌增厚，收缩力加强，心室容积增大，从而使心脏的泵血功能增强，表现为心血输出量增加。

系统的体育锻炼，呼吸系统机能也将得到提高，表现为呼吸肌的力量增强，肺活量、肺通气量明显增加，保证对机体供氧的能力。

系统的体育锻炼，可以促进血管系统的形态、机能和调节能力产生良好的适应力，从而提高机体的工作能力。

系统的体育锻炼，可以使血液系统产生某些适应性变化，如血容量增加、血黏度下降、红细胞膜弹性增强和红细胞变形能力增强等。

 提高肌肉力量素质

肌肉力量是指肌肉最大收缩产生的对抗阻力或负荷的能力。肌肉力量只有达到一定的程度，才能克服外界阻力，而克服外界阻力是维持日常生活自理、从事各种劳动和运动的必要前提。

系统的体育锻炼，可以提高肌肉的生理横断面积，可以改善神经系统对肌肉收缩的支配功能，还可以提高肌肉内代谢物质的储备量，使肌肉力量得到提高。

 提高柔韧性素质

柔韧性是指人体各关节的活动幅度，即关节的肌肉、肌腱和韧带等软组织的伸展能力。柔韧性对于保证正常生活质量、维持正常体态、预防损伤发生和减轻损伤程度等方面均起到至关重要的作用。

系统的体育锻炼，还可以延缓因年龄因素而导致的柔韧性下降，预防因缺乏运动而导致的关节结构、周围软组织和膝关节肌肉退化，从而使锻炼者

的日常生活、劳动和运动等更加充满活力。

改善身体成分

身体成分是指人体体重中的脂肪组织和去脂组织的重量百分比。身体成分中的脂肪成分增加，肌肉成分必然下降。身体中不具备收缩功能的脂肪组织增加，必然导致身体进行各种活动的能力下降，基础代谢水平降低，肥胖症、冠心病、高血压、糖尿病、高血脂等慢性疾病发病率的提高。因此，身体成分是保证人体健康的重要内容之一。

通过系统的体育锻炼，随着锻炼者体质的增强，热量消耗便随之增加，进而燃烧掉体内多余的脂肪，使身体成分得到改善。而身体成分的改善，又可以减少体重对关节可能带来的不利影响，还可以使肥胖者的心理状况得到改善，增强其自信心，使其逐步建立起健康的生活方式。

运动保健

心理价值

研究证明，有规律的体育锻炼不但可以使锻炼者增强体质、促进身体健康、预防一些慢性疾病，还可以提高锻炼者的生活满意度和生活质量，对其心理健康产生积极影响。

体育锻炼的心理健康效应主要表现在六个方面：

改善情绪状态

短期效应

研究发现，体育锻炼对人的情绪状态具有显著的短期效应。运动后人们的焦虑、抑郁、紧张和心理紊乱等症状会明显减轻，而精力和愉快程度则会明显增强。而且这种情绪的迅速变化，与锻炼者个体的健康状况、活动形式和活动强度等有着直接的联系。

长期效应

体育锻炼对人情绪的长期效应有着直接的影响，与不锻炼者相比，有规律的锻炼者在较长时期内很少会产生焦虑、抑郁、紧张和心理紊乱等情绪。

 **完善个性行为特征** 见表 2-2-1

人们的行为特征一般可以分为两种类型，用 A 型行为特征和 B 型行为特征来表示。A 型行为特征主要表现为性情急躁、争强好胜、容易激动、整天忙碌和做事效率高等。B 型行为特征主要表现为不好竞争、不易紧张、不赶时间、对人随和、喜欢自由自在等。具有 A 型行为特征的人由于过度紧张的情绪反应，会引起内分泌失调，增加心脏病发病的概率。目前的一些研究主要集中在体育锻炼对改变 A 型行为特征的作用方面。研究结果表明，有规律的体育锻炼能明显改变 A 型行为特征。

 表 2-2-1　A、B 型个性行为特征常见表现

A 型行为特征者常见表现	B 型行为特征者常见表现
约会从来不迟到	对约会很随便
竞争意识很强	竞争意识不强
别人要讲话时总爱抢先或插话	是别人讲话时很好的听众
总是匆匆忙忙	即使有压力也从不匆忙
等待时缺乏耐心	能够耐心等待
干事时全力以赴	处事漫不经心
同时想干很多事	在一段时间里只干一件事情
讲话喜欢用加强语气,甚至敲桌子	讲话语速缓慢、不慌不忙
做了好事希望能得到别人的认可	只要自己满意即可,不管别人怎样想
吃饭、走路都很快	做事情很慢
不善与人相处	为人随和
容易暴露自己的感情	能控制自己的感情
具有广泛的兴趣	没什么业余爱好
雄心壮志	满足于目前的工作和学习状况

 确立良好自我概念

自我概念是指个体对自己身体、思想和情感的主观整体评价，它由许多自我认识组成，包括我是什么人、我主张什么和我喜欢什么等。

坚持体育锻炼，可以使锻炼者体格强健、精力充沛、提高驾驭身体的能力，从而改善对自身的满意程度，确立良好的自我概念。

 改变睡眠模式

根据脑电图的显示，人的睡眠可以分为两种状态，即慢波睡眠状态和快波睡眠状态。前者为浅度睡眠状态，后者为深度睡眠状态。一夜之间两种睡眠状态会交替发生 4～5 次。

有规律的体育锻炼不仅对慢波睡眠有促进作用，而且能缩短入眠的潜伏期，并延长睡眠的时间。

 改善认知能力

体育锻炼还能改善人的认知过程，避免反应时间过长、注意力不集中和思维混乱等症状的发生，尤其对老年人的认知能力改善效果更为明显。

 增加心理治疗效应

体育锻炼被公认为是一种心理治疗的好方法。目前人群中常见的心理疾患是抑郁症和焦虑症。研究发现，体育锻炼是治疗抑郁症的有效手段之一，抑郁症患者经过有规律的体育锻炼，抑郁症状能明显减轻。

体育锻炼还具有治疗焦虑症的作用，通过有规律的体育锻炼，可以使锻炼者的焦虑症状明显改善。

第三节

运动保护

在运动过程中，人体机能会随时发生变化。因此，应针对这种机能变化的特点来进行体育锻炼，也就是我们所说的运动保护。运动保护一般包括运动前准备、运动后放松和自我养护三个方面。

 **运动前准备**

准备活动是指在正式运动之前进行的有目的的身体练习。做好充分的

准备活动，可以缩短机体进入最佳状态的时间，同时还可以预防运动损伤的发生，为机体发挥最大的工作效率做好功能上的准备。

 准备活动的作用

提高中枢神经系统兴奋状态

(1)使大脑反应速度加快，参加活动的运动中枢神经相互协调。

(2)为正式运动时生理机能达到适宜程度提前做好准备。

提高机体代谢水平

(1)准备活动可以使锻炼者体温升高，降低肌肉黏滞性，使肌肉的伸展性、柔韧性和弹性增强，从而有效预防运动损伤的发生。

(2)准备活动可以增强体内代谢酶的活性，使物质代谢水平提高，以保证运动时有较充分的能量供应。

克服内脏器官生理惰性

(1)准备活动可以提高心血管系统和呼吸系统的机能水平,使肺通气量及心血输出量增加。

(2)可以使心肌和骨骼肌的毛细血管扩张,使其工作肌获得更多的氧,从而克服内脏器官的生理惰性,使之尽快达到最佳状态。

增加皮肤毛细血管的血流量

准备活动可以使皮肤毛细血管的血流量增加，运动后毛细血管扩张，有利于散热，降低体温，有效防止开始正式活动时由于体温过高而影响运动能力。

 准备活动要求

准备活动时间

(1)准备活动的时间可以根据运动项目的具体情况确定，一般以 10～30 分钟为宜。

(2)准备活动与正式运动的间隔时间，一般以不超过 15 分钟为宜，可以在做完准备活动后立刻进行正式运动。

 准备活动强度

(1)准备活动的强度和量应较正式运动小,以免引起不必要的疲劳。

(2)准备活动的量可以由心率来决定,心率以100~120 次／分为宜。

准备活动内容

一般性准备活动

一般性准备活动的内容多以伸展运动开始,然后进行一般性的跑步、徒手体操等活动。

下面介绍一套常用的一般性准备活动操,供锻炼者运动前使用。这套活动操主要包括头部运动、肩部运动、扩胸运动、体侧运动、体转运动、髋部运动和踢腿运动等。

头部运动

头部运动的动作方法(见图 2-3-1):两手叉腰,两脚左右开立,做头部向前、向后、向左、向右,以及绕环运动。

图 2-3-1

肩部运动

肩部运动的动作方法（见图 2-3-2）：手扶肩部，屈臂向前、向后绕环，以及直臂绕环。

扩胸运动

扩胸运动的动作方法（见图 2-3-3）：屈臂向后振动及直臂向后振动。

体侧运动

体侧运动的动作方法（见图 2-3-4）：两脚左右开立，一手叉腰，另一臂上举，并随上体向对侧振动。

体转运动

体转运动的动作方法（见图 2-3-5）：两脚左右开立，两臂体前屈，身体向左、向右有节奏地扭转。

髋部运动

髋部运动的动作方法（见图 2-3-6）：两脚左右开立，两手叉腰，髋关节放松，向左、向右 360 度旋转。

图 2-3-2

图 2-3-3

踢腿运动

踢腿运动的动作方法（见图 2-3-7）：两臂上举后振，同时一腿向后半步，重心置于前腿，两臂下摆后振，同时向前上方踢腿。

图 2-3-4

图 2-3-5

图 2-3-6

图 2-3-7

专门性准备活动

专门性准备活动的动作方法、节奏和强度等与正式锻炼相似，目的是使人体主要肌群在运动前得到动员，为正式锻炼做好准备。

运动后放松是指运动之后所进行的一些能够加速机体功能恢复的、较轻松的身体活动。与运动前准备活动相反，其目的是使锻炼者的生理机能水平逐步得到恢复。

运动性手段

（1）运动结束后，锻炼者可采用变换运动部位的方法来消除疲劳，如上肢出现疲劳时可做一些慢跑运动，下肢出现疲劳时可做一些上肢运动。

（2）转换运动类型也是一种不错的放松方法，如打羽毛球出现疲劳时，可从事瑜伽运动来达到放松的目的。

（3）还可以用调整运动强度的方法来缓解疲劳，如可以在放松过程中，采用小强度的轻微运动方法等。

整理活动 见图 2-3-8

（1）整理活动是指运动后所做的一些能够加速机体功能恢复的身体活动，如剧烈运动后进行 3～5 分钟慢跑或其他整理活动，使身体机能得以恢复。

（2）剧烈运动后如不做整理活动而骤然停止动作，会影响氧气的补充和静脉血的回流，使机体血压降低，引起不良反应。

图 2-3-8

（1）在进行整理活动时动作应缓慢、放松，运动量不要过大，否则会引起新的疲劳。

（2）在进行整理活动时，应当保持心情舒畅、精神愉快。

锻炼后，锻炼者感觉身体疲劳是一种正常的生理现象，是体育锻炼过程中的正常反应，随着体育锻炼时间的延长，疲劳症状会自然消失。运动性疲劳出现后，锻炼者如果采用一些自我养护措施，可以加速身体机能的恢复，尽快消除疲劳，提高锻炼效果。常见的自我养护方法主要包括运动后休息、合理营养和物理手段等三种。

静止性休息 见图 2-3-9

（1）静止性休息是指锻炼者运动后保持机体相对的静止状态，以促进身体机能的恢复，尽快消除疲劳。

（2）静止性休息的最佳方式之一是睡眠，特别是刚开始从事锻炼者，身体不适应或疲劳症状明显时，更应该保证足够的睡眠，否则，锻炼者虽然积极参加了体育锻炼，但收效甚微，甚至会导致过度疲劳症状的发生。

（3）静止性休息更适合于消除全身运动导致的整体疲劳症状。

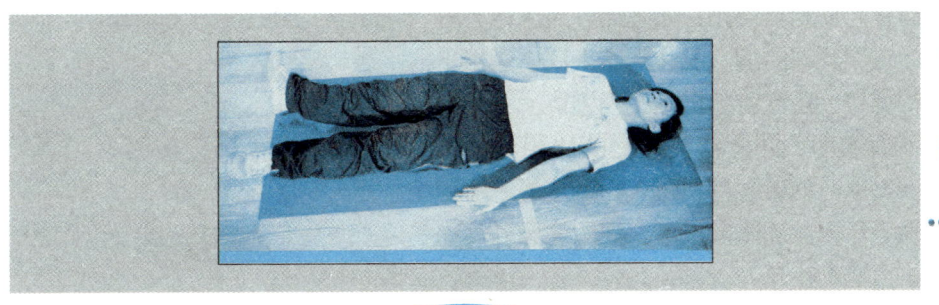

图 2-3-9

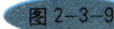 **积极性休息** 见图 2-3-10

（1）积极性休息更适合由于少量肌肉群参与工作而导致的局部疲劳，或运动强度较大而导致的快速疲劳。

（2）积极性休息可以加速血液循环，有利于代谢物排出体外，对促进身体机能的恢复具有明显的效果。

图 2-3-10

**合理营养** 见图 2-3-11

小强度、长时间的运动形式，主要是靠糖原的有氧代谢提供能量。运动后应及时补充淀粉类食物，如面粉、大米等，以促进消耗糖原的合成。随着人民生活水平的提高，在饮食结构中，肉类食品的比重不断增加，而淀粉类食品的比重逐渐减少，这一现象应当引起人们的注意，特别是老年人参加体育锻炼，更应注意对淀粉类食物的补充。

图 2-3-11

强度较大、时间又相对较长的运动形式，主要是靠糖原的无氧代谢提供能量。这样，糖原无氧代谢产物——乳酸便会在体内大量堆积。因此，运动后应多补充蔬菜、水果等碱性食品，以加速乳酸的清除，达到尽快消除疲劳的目的。

物理手段

❄**按摩及牵拉** 见图 2-3-12

（1）通过刺激神经末梢、皮肤结缔组织和毛细血管的按摩方法，可以使紧张的肌肉得以放松，从而改善局部组织和全身的血液循环，达到促进身体机能恢复的目的，这种方法可以在锻炼后马上进行。

（2）此外，还可以采取缓慢牵拉肌肉的方法，使收缩的肌肉得到充分的伸展放松。

❄**水疗及电疗**

（1）水疗包括芬兰式蒸汽浴、热水浴和桑拿浴等多种形式，主要作用是通过提高体温，促进血液循环，清除代谢物，以达到尽快消除疲劳、恢复体力的目的。

（2）水疗的时间一般以不超过 30 分钟为宜，如果时间过长，会进一步消耗体力，严重时甚至会出现暂时性脑缺血现象。

（3）如果条件允许，还可对疲劳的肌肉进行低频治疗。低频治疗仪的原理是模拟针灸疗法，使用时将电极用不干胶对称地粘贴在运动部位表皮上。这种疗法可以促进局部血液循环，改善组织代谢，缓解肌肉酸痛，消除疲劳。

图 2—3—12

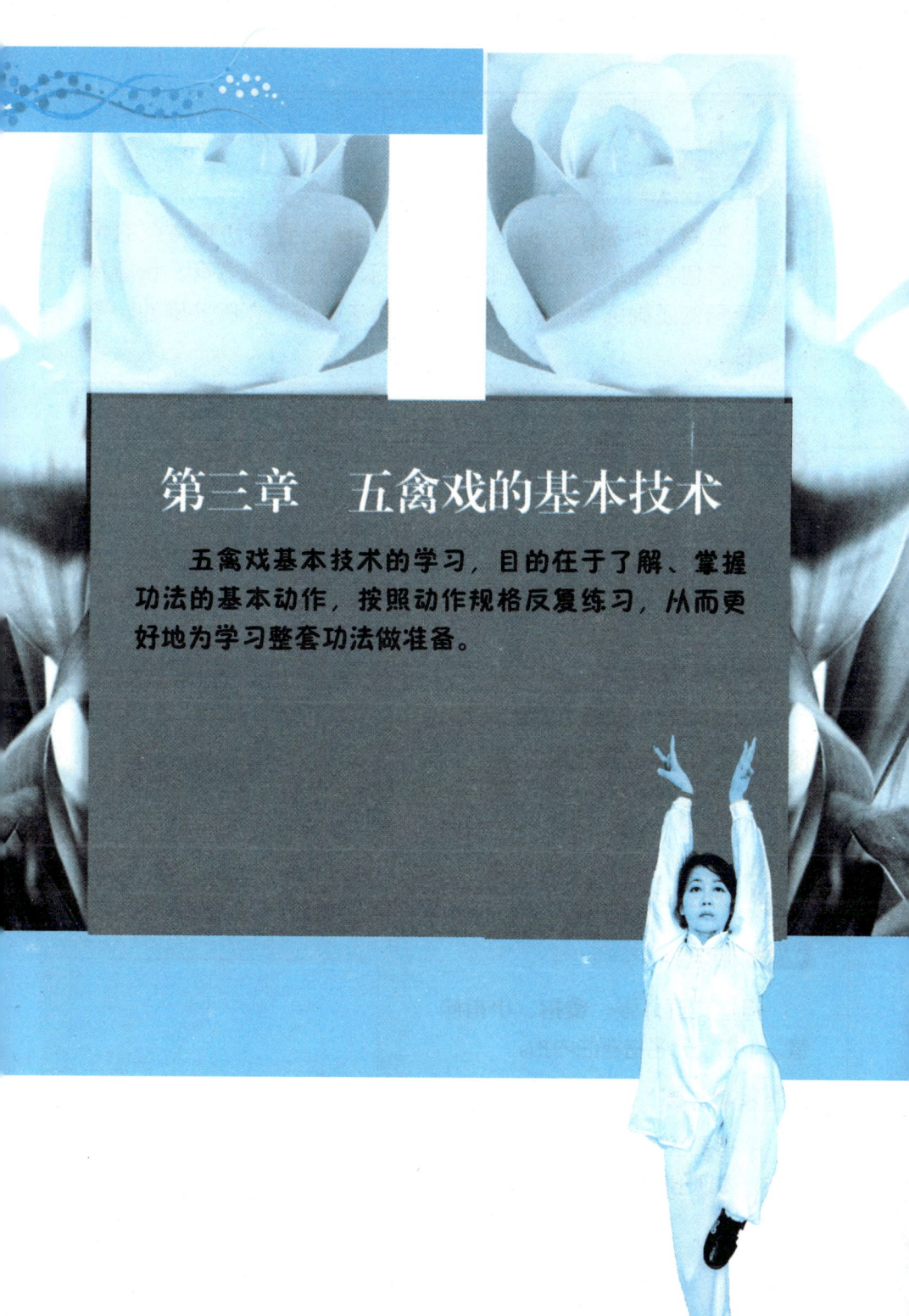

第三章　五禽戏的基本技术

五禽戏基本技术的学习，目的在于了解、掌握功法的基本动作，按照动作规格反复练习，从而更好地为学习整套功法做准备。

第一节
基本手形

　　五禽戏的基本手形是功法套路中体现五种动物特点的手形，它包括虎爪、鹿角、熊掌、猿钩、鸟翅和握固等。掌握基本手形的正确练习方法，便于保证功法练习动作的准确性、形象性。

动作方法 见图 3-1-1

　　五指张开，虎口撑圆，第一、二指关节弯曲内扣。

技术要点

　　五指要用力，虎口撑圆，要体现出虎爪之威猛、有力特点。

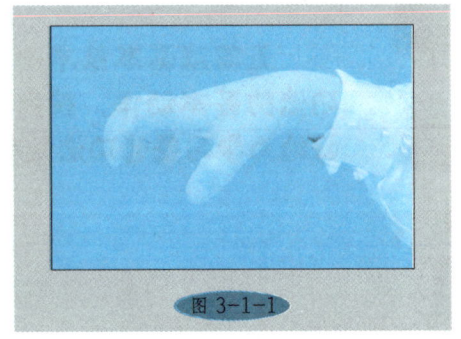

图 3-1-1

动作方法 见图 3-1-2

　　拇指伸直外张，食指、小指伸直，中指、无名指弯曲内扣。

技术要点

　　手指要舒展、伸直，保持自然状态，体现出鹿的安舒特点。

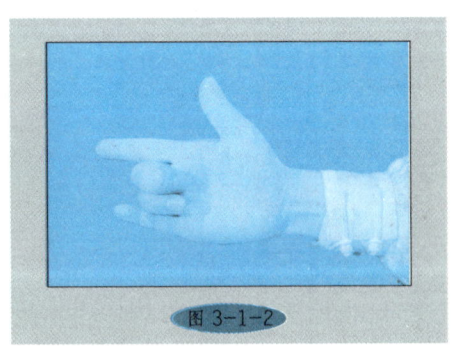

图 3-1-2

熊掌

动作方法 见图 3-1-3

拇指压在食指指端上，其余四指并拢弯曲，虎口撑圆。

技术要点

虎口撑圆，体现出熊掌特点。

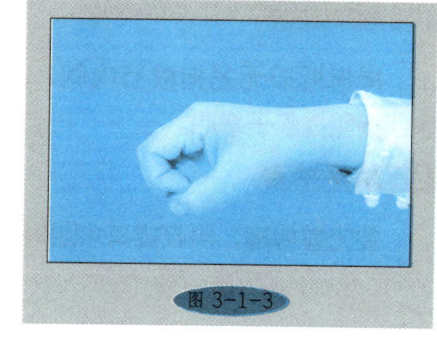

图 3-1-3

猿钩

动作方法 见图 3-1-4

五指指腹捏拢，屈腕。

技术要点

要屈腕，体现出猿的灵巧特点。

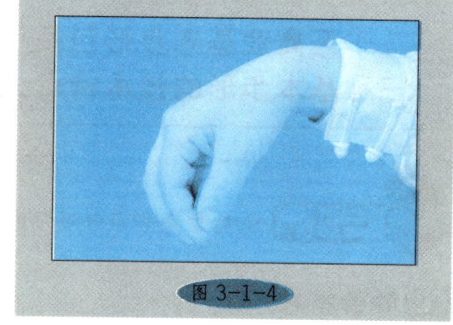

图 3-1-4

鸟翅

动作方法 见图 3-1-5

五指伸直，拇指、食指、小指向上翘起，无名指、中指并拢向下。

技术要点

五指伸展要自然，体现出鸟的轻盈的特点。

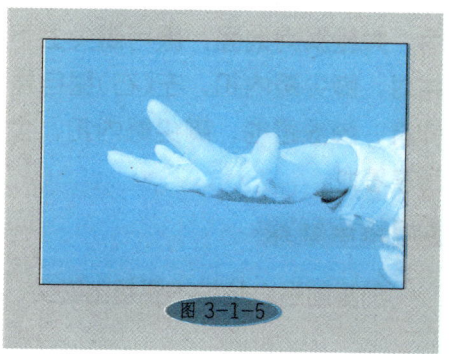

图 3-1-5

握固

动作方法 见图 3-1-6

拇指抵招无名指根节内侧，其余四指屈拢收于掌心。

技术要点

要先握拇指，再收拢其余四指。

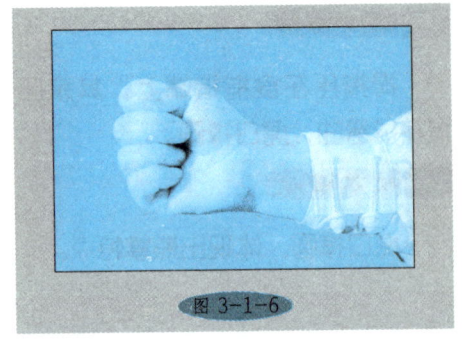

图 3-1-6

第二节
基本步形

五禽戏基本步形包括弓步、虚步和丁步三种。掌握三种基本步形的技术特点，便于更好地学习套路。

弓步

动作方法 见图 3-2-1

两腿前后分开一大步，横向之间保持一定宽度，右（左）腿屈膝前弓，大腿斜向地面，膝与脚尖上下相对，脚尖略内扣，左（右）腿自然伸直，脚跟蹬地，脚尖略内扣，全脚掌着地。

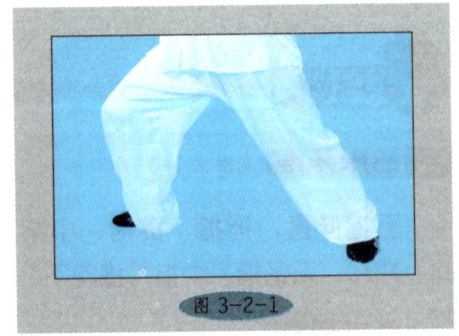

图 3-2-1

技术要点

前腿前弓，膝盖不要超出脚尖，后腿自然伸直。

 虚步

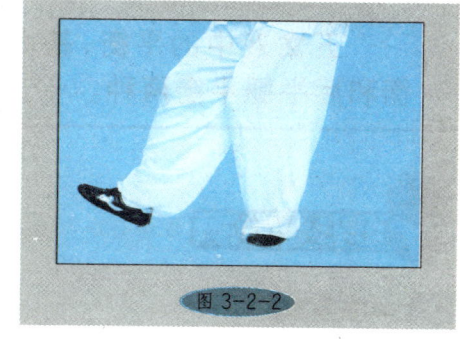

动作方法 见图 3-2-2

右（左）脚向前迈出，脚跟着地，脚尖上跷，膝略屈，左（右）腿屈膝下蹲，全脚掌着地，脚尖斜向前方，臀部与脚跟上下相对，身体重心落于左（右）腿。

图 3-2-2

技术要点

重心在后，虚实分明。

 丁步

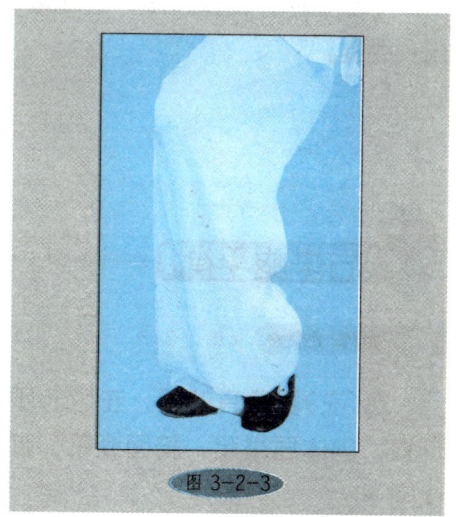

动作方法 见图 3-2-3

两脚左右分开，间距 10～20 厘米，两腿屈膝下蹲，左（右）脚脚跟提起，脚尖着地，虚点地面，置于右（左）脚脚弓处，右（左）腿全脚掌着地踏实。

图 3-2-3

技术要点

塌腰，虚实分明。

第三节

平衡

五禽戏中的平衡,基本用在鸟戏中,它包括提膝平衡和后举腿平衡两种。

动作方法 见图 3-3-1

左(右)腿直立站稳,上体正直,右(左)腿在体前屈膝上提,小腿自然下垂,脚尖向下。

技术要点

平衡要稳,提膝过腰,上提腿,脚尖绷直。

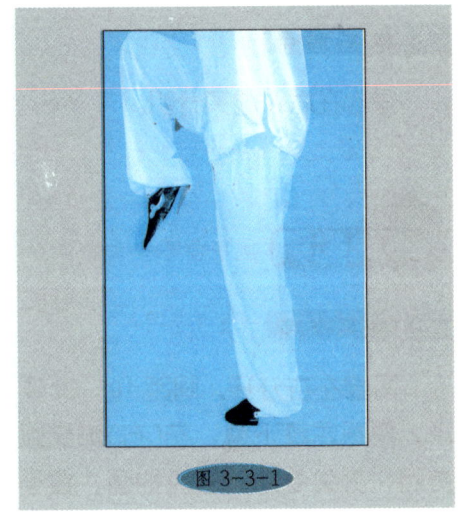

图 3-3-1

动作方法 见图 3-3-2

右(左)腿蹬直站稳,左(右)腿伸直,向体后举起,脚面绷平,脚尖向下。

技术要点

两腿膝盖挺直,动作要稳,后举腿,脚面绷平。

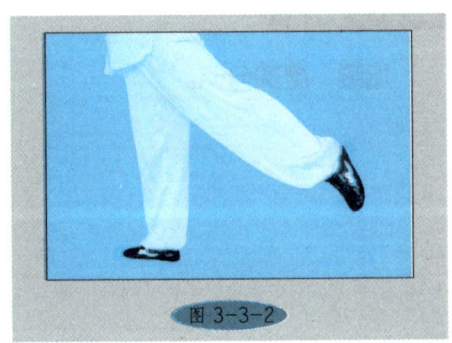

图 3-3-2

第四节
功法动作

　　"健身气功五禽戏"的动作编排按照《三国志华佗传》的记载，顺序为虎、鹿、熊、猿、鸟，动作简便易学。数量沿用陶弘景《养性延命录》的描述，为 10 个动作，每戏 2 动，并在功法的开始和结束增加了起势调息和引气归元，体现了形、意、气的合一，符合习练者特别是中老年人运动的规律。动作素材来源于传统，符合古代特征和科学健身理念；功法符合中医基础理论、五禽的秉性特点，配合中医脏腑、经络学说，既有整体的健身作用，又有每一戏的特定功效；动作仿效虎之威猛、鹿之安舒、熊之沉稳、猿之灵巧、鸟之轻捷，力求蕴含"五禽"的神韵，形神兼备，意气相随，内外合一。

 预备势　起势调息

动作方法 见图 3-4-1

　　(1)两脚并拢，双腿自然伸直，两手自然垂于体侧，胸腹放松，头项正直，下颌略收，舌抵上腭，目视前方；

　　(2)左脚向左平开一步，略宽于肩，两膝略屈，松静站立，调息数次，意守丹田；

　　(3)肘略屈，两臂在体前向上、向前平托，与胸同高；

　　(4)两肘下垂外展，两掌向内翻

转，并缓慢下按于腹前，目视前方，重复动作(3)~(4)两遍后，两手自然垂于体侧。

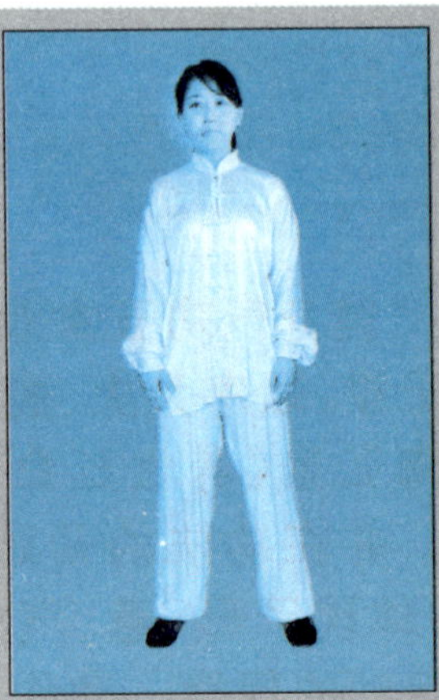

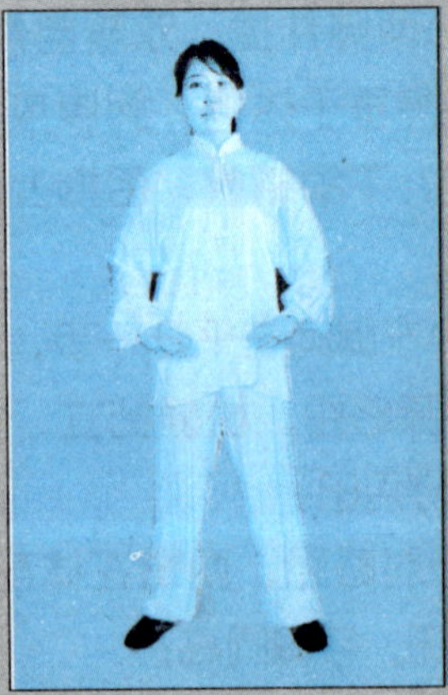

❋ 技术要点

（1）两臂上提下按，意在两掌劳宫穴，动作柔和、均匀、连贯；

（2）动作也可配合呼吸，两臂上提时吸气，下按时呼气。

❋ 错误纠正

（1）向左开步时，两膝过分挺直，身体左右摇晃。因此，应注意开步前，两膝先略屈，开步时，身体重心先落于右脚，左脚提起后，再缓缓向左移动，左脚掌先着地，使重心保持平衡。

（2）两掌上提下按时，运行路线直来直去，两肘尖外扬，肩膀上耸。因此，应注意意念沉肩，再两臂起动，肘尖有下垂感觉，两掌上提、内合、下按，运行路线呈弧线，圆活自然。

❋ 功理与作用

（1）排除杂念，诱导入静，调和气息，宁心安神；

（2）吐故纳新，升清降浊，调理气机。

图 3-4-1

第一戏 虎戏

"虎戏"要体现虎的威猛。神发于目,虎视眈眈;威生于爪,伸缩有力;神威并重,气势凌人。动作变化要做到刚中有柔、柔中生刚、外刚内柔、刚柔相济,具有动如雷霆无阻挡,静如泰山不可摇的气势。

第一式 虎举

 **动作方法** 见图 3-4-2

(1)接上式,两手掌心向下,十指撑开,再弯曲呈虎爪状,目视两掌;

(2)随后,两手外旋,由小指先弯曲,其余四指依次弯曲握拳,两拳沿体前缓慢上提,至肩前时,十指撑开,举至头上方再弯曲呈虎爪状,目视两掌;

(3)两掌外旋握拳,拳心相对,目视两拳;

(4)两拳下拉至肩前时,变掌下按,沿体前下落至腹前,十指撑开,掌心向下,目视两掌;

(5)重复动作(1)~(4)三遍后,两手自然垂于体侧,目视前方。

技术要点

（1）十指撑开、弯曲呈"虎爪"和外旋握拳，三个环节均要贯注劲力；

（2）两掌向上如托举重物，提胸收腹，充分拔长躯体，两掌下落如拉双环，含胸松腹，气沉丹田；

（3）眼随手动，动作可配合呼吸，两掌上举时吸气，下落时呼气。

错误纠正

（1）手直接由掌变拳，虎爪状不明显。因此，应注意手指撑开后，先依次屈扣第一、二节指关节，再紧握呈拳。

（2）两掌上举时，身体后仰，呈反弓状。因此，应注意两掌向头部正上方托举，身体与地面保持垂直。

功理与作用

（1）两掌举起，吸入清气，两掌下按，呼出浊气，一升一降，疏通三焦气机，调理三焦功能；

（2）手呈"虎爪"变拳，可增强握力，改善上肢远端关节的血液循环。

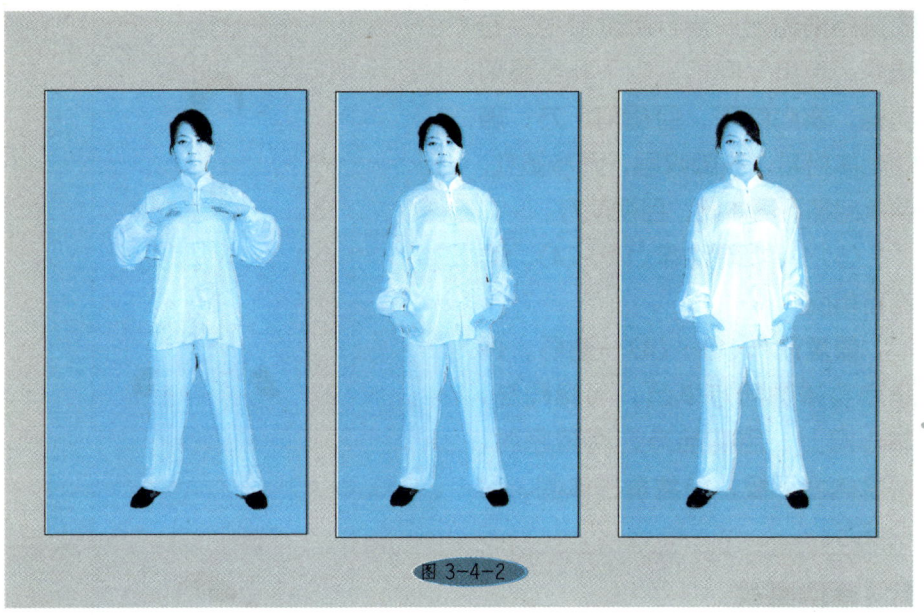

图 3-4-2

第二式 虎扑

动作方法 见图 3-4-3

(1)接上式，两手握空拳，沿身体两侧上提至肩前上方；

(2)两手向上、向前划弧，十指弯曲呈"虎爪"，掌心向下，同时上体前俯，挺胸塌腰，目视前方；

(3)两腿屈膝下蹲，收腹含胸，同时，两手向下划弧至两膝侧，掌心向下，目视前下方，随后，两腿伸膝，送髋，挺腹，后仰，同时两掌握空拳，沿体侧向上提至胸侧，目视前上方；

(4)左腿屈膝提起，两手上举，

左脚向前迈出一步，脚跟着地，右腿屈"虎爪"向前、向下扑至膝前两侧，掌心向下，目视前下方，随后上体抬起，左脚收回，开步站立，两手自然下落体侧，目视前方。

（5）～（8）同动作（1）～（4），唯左右相反；

重复动作（1）～（8）一遍后，两掌向身体侧前方举起，与胸同高，掌心向上，目视前方，两臂屈肘，两掌内合下按，自然垂于体侧，目视前方。

技术要点

（1）上体前俯，两手尽力向前伸，而臀部向后引，充分伸展脊柱；

（2）屈膝下蹲、收腹含胸要与伸膝、送髋、挺腹、后仰的动作过程连贯，使脊柱形成由折叠到展开的蠕动，两掌下按上提要与之配合协调；

（3）虚步下扑时，速度可加快，先柔后刚，配合快速深呼气，气由丹田发出，以气催力，力达指尖，表现出虎的威猛；

（4）中老年新练者和体弱者，可根据情况适当减小动作幅度。

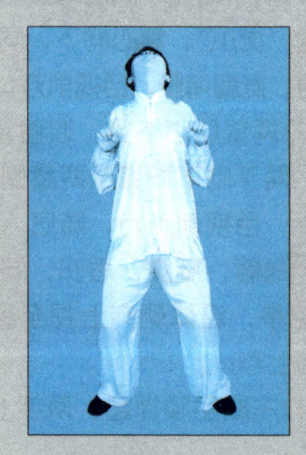

错误纠正

(1)"虎爪"和握拳两种手形的变化过程掌握不当。因此,应注意两手前伸抓扑时,拳变"虎爪",力达指尖,由柔转刚。两掌向里划弧回收时,"虎爪"屈拢,轻握空拳,由刚转柔。

(2)身体由折弯到展开不够充分,两手配合不够协调。因此,应注意身体前挺展开时,两手要注意后伸,运行路线要呈弧形,协助身体完成屈伸蠕动。

(3)向前迈步呈虚步时,重心不稳,左右摇晃。因此,应注意迈步时,两脚横向间距要保持一定宽度,适当增大稳定角度。

功理与作用

(1)虎扑动作形成了脊柱的前后伸展折叠运动,尤其是引腰前伸,增加了脊柱各关节的柔韧性和伸展度,可使脊柱保持正常的生理弧度;

(2)脊柱运动能增强腰部肌肉力量,对常见的腰部疾病,如腰肌劳损、习惯性腰扭伤等症有防治作用;

(3)督脉行于背部正中,任脉行于腹部正中,脊柱的前后伸展折叠,牵动任督二脉,起到调节阴阳、疏通经络、活跃气血的作用。

图 3-4-3

第二戏 鹿戏 ◆◆◆◆◆

　　鹿喜挺身眺望，好角抵，运转尾闾，善奔走，通任、督二脉。习练"鹿戏"时，动作要轻盈舒展，神态要安闲雅静，意想自己置身于群鹿中，在山坡草原上自由快乐地活动。

▼ 第一式 鹿抵

 **动作方法** 见图 3-4-4

　　（1）接上式，两腿略屈，身体重心得以移至右腿，左脚经右脚内侧向左

前方迈步，脚跟着地，同时身体略右转，两掌握空拳，向右侧摆起，拳心向下，高与肩平，目随手动，视右拳；

（2）身体重心前移，左腿屈膝，脚尖外展踏实，右腿伸直蹬实，同时身体左转，两掌呈"鹿角"，向上、向左、向后划弧，掌心向外，指尖朝后，目视右脚跟，随后，身体右转，左脚收回，开步站立，同时两手向上、向右、向下划弧，两掌握空拳下落于体前，目视前下方。

（3）、（4）同（1）、（2），唯左右相反。

（5）～（8）同动作（1）～（4）。

重复动作（1）～（8）一遍。

✦ 技术要点

（1）腰部侧屈拧转，侧屈的一侧腰部要压紧，另一侧腰部则借助上举手臂后伸，得到充分牵拉；

（2）后脚脚跟要蹬实，固定下肢位置，加大腰、腹部的拧转幅度，运转尾闾；

（3）动作可配合呼吸，两掌向上划弧摆动时吸气，向后伸抵时呼气。

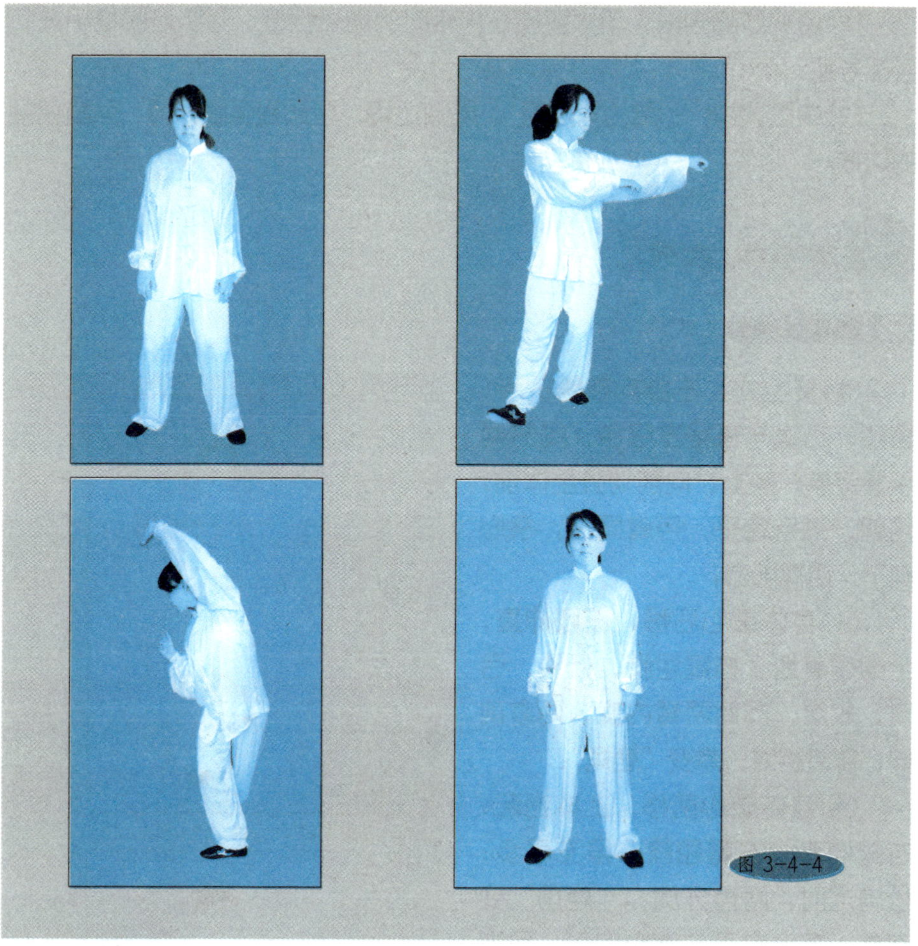

图 3-4-4

错误纠正

（1）腰部侧屈拧转时，身体过于前倾。因此，应注意后腿沉髋，有助于上体正直，可加大腰部拧转幅度。

（2）身体侧屈幅度不够，眼看不到后脚跟。因此，应注意重心前移，增加前腿膝关节弯曲度，同时加大上举手臂向后下方伸展的幅度。

功理与作用

（1）腰部的侧屈拧转，使整个脊椎充分旋转，可增强腰部的肌肉力量，也可防治腰部的脂肪沉积；

（2）目视后脚脚跟，加大腰部在拧转时的侧屈程度，可防治腰椎小关节紊乱等症；

（3）中医认为，"腰为肾之府"。尾闾运转，可起到强腰补肾、强筋健骨的功效。

第二式 鹿奔

 动作方法 见图3-4-5

（1）接上式，左脚向前跨一步，屈膝，右腿伸直呈左弓步，同时两手握空拳，向上、向前划弧至体前，屈腕，高与肩平，与肩同宽，拳心向下，目视前方；

（2）身体重心后移，左膝伸直，全脚掌着地，右腿屈膝，低头，弓背，收腹，同时两臂内旋，两掌前伸，掌背相对，拳变"鹿角"；

（3）身体重心前移，上体抬起，右腿伸直，左腿屈膝，呈左弓步，松肩沉肘，两臂外旋，"鹿角"变空拳，高与肩平，拳心向下，目视前方；

（4）左脚收回，开步直立，两拳变掌，回落于体侧，目视前方。

（5）～（8）同动作（1）～（4），唯左右相反。

重复动作（1）～（8）1遍后，两掌向身体侧前方举起，与胸同高，掌心向上，目视前方，屈肘，两掌内合下按，自然垂于体侧，目视前方。

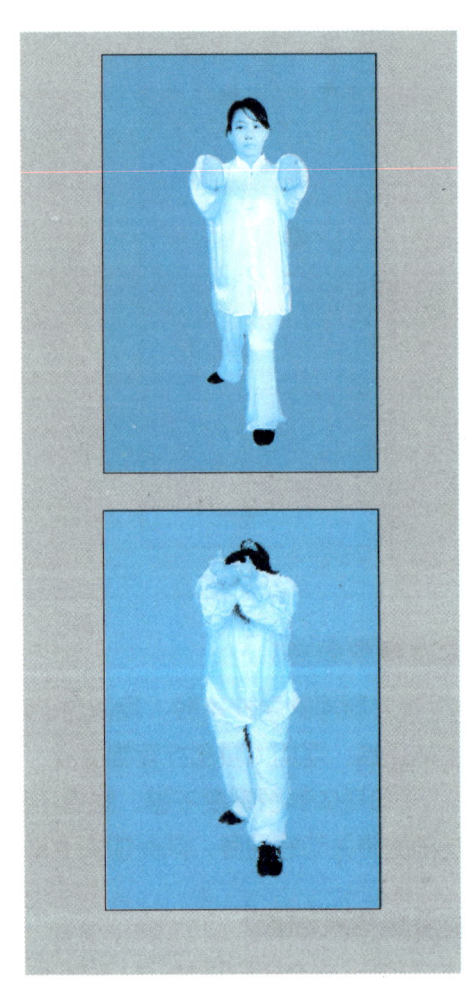

❋ 技术要点

（1）提腿前跨要有弧度，落步轻灵，体现鹿的安舒神态；

（2）身体后坐时，两臂前伸，胸部内含，背部形成"横弓"状，头前伸，背后拱，腹收缩，臀内敛，形成"竖弓"状，使腰、背部得到充分伸展和拔长；

（3）动作可配合呼吸，身体后坐时，配合吸气，重心前移时，配合呼气。

❋ 错误纠正

（1）落步后两脚呈一直线，重心不稳，上体紧张歪扭。因此，应注意脚提起后，向同侧肩部正前方跨步，保持两脚横向宽度。

（2）背部"横弓"与躯干"竖弓"不够明显。因此，应注意加大两肩内旋幅度，可增大收胸程度，头、髋前伸，收腹后顶，可增大躯干的后弯幅度。

❋ 功理与作用

（1）两臂内旋前伸，肩、背部肌肉得到牵拉，对颈肩综合症、肩关节周围炎等症有防治作用，躯干弓背收腹，能矫正脊柱畸形，增强腰、背部肌肉力量；

（2）向前落步时，气充丹田，身

体重心后坐时，气运命门，加强了人的先天与后天之气的交流，尤其是重心后坐，整条脊柱后弯，内夹尾闾，后凸命门，打开大椎，意在疏通督脉经气，具有振奋全身阳气的作用。

图 3-4-5

第三戏 熊戏

"熊戏"要表现出熊憨厚沉稳、松静自然的神态。运势外阴内阳,外动内静,外刚内柔,以意领气,气沉丹田;行步外观笨重拖沓,其实笨中生灵,蕴含内劲,沉稳之中显灵敏。

第一式 熊运

 见图 3-4-6

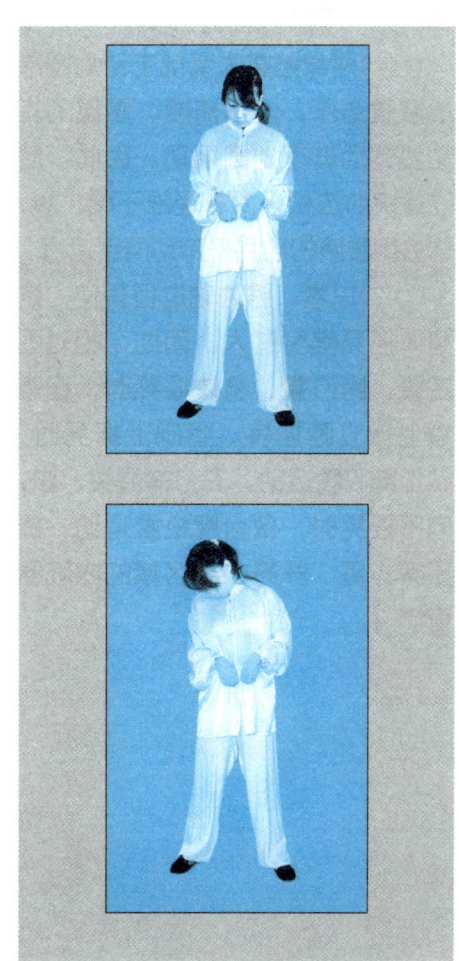

(1)接上式,两掌握空拳呈"熊掌",拳眼相对,垂于下腹部,目视两拳;

(2)以腰、腹为轴,上体做顺时针摇晃同时,两拳随之沿右肋部、上腹部、左肋部、下腹部划圆,目随上体摇晃环视;

(3)重复(1)两掌握空拳呈"熊掌",拳眼相对,垂于下腹部,目视两拳;

(4)重复(2)以腰、腹为轴,上体做顺时针摇晃同时,两拳随之沿右肋部、上腹部、左肋部、下腹部划圆,目随上体摇晃环视。

(5)~(8)同动作(1)~(4),唯左右相反,上体做逆时针摇晃,两拳随之划圆。

做完最后一个动作,两拳变掌下落,自然垂于体侧,目视前方。

✿ 技术要点

（1）两掌划圆应随腰、腹部的摇晃而牵动，要协调自然；

（2）两掌划圆是外导，腰、腹摇晃为内引，意念内气在腹部丹田运行；

（3）动作可配合呼吸，身体上提时吸气，身体前俯时呼气。

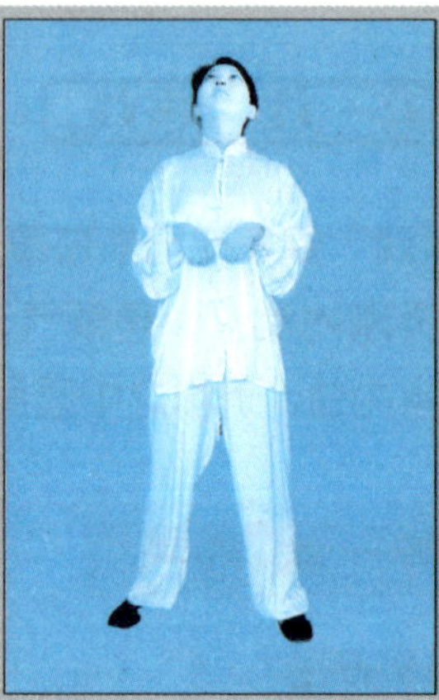

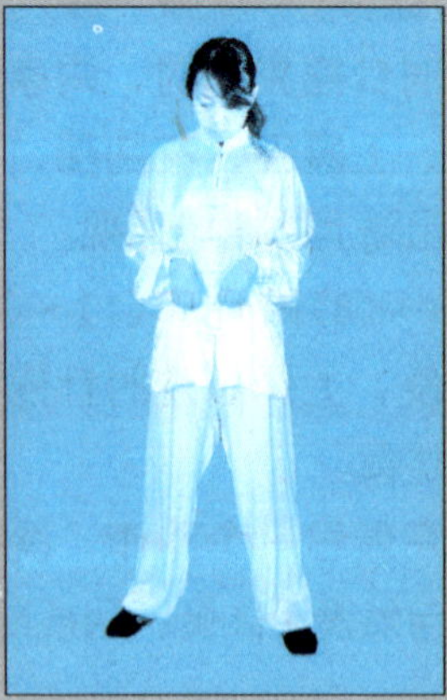

✿ 错误纠正

（1）两掌贴腹太紧或主动划圆形成摩腹动作，没有随腰、腹部的转动协调地进行划圆摆动。因此，应注意肩肘放松，两掌轻附于腰、腹，体会用腰腹的摇晃来带动两手运行。

（2）以腰、胯为轴进行转动，或身体摇晃幅度过大。因此，相对固定腰、胯位置，身体摇晃时，在意念上做立圆摇转。当向上摇晃时，做提胸收腹运动，充分伸展腰、腹；向下摇晃时，做含胸松腹运动，挤压脾、胃、肝等中焦区域的内脏器官。

功理与作用

（1）活动腰部关节和肌肉，可防治腰肌劳损及软组织损伤；

（2）腰腹转动，两掌划圆，引导内气运行，可加强脾、胃的运化功能；

（3）运用腰、腹摇晃，对消化器官进行体内按摩，可防治消化不良、腹胀纳呆、便秘腹泻等病症。

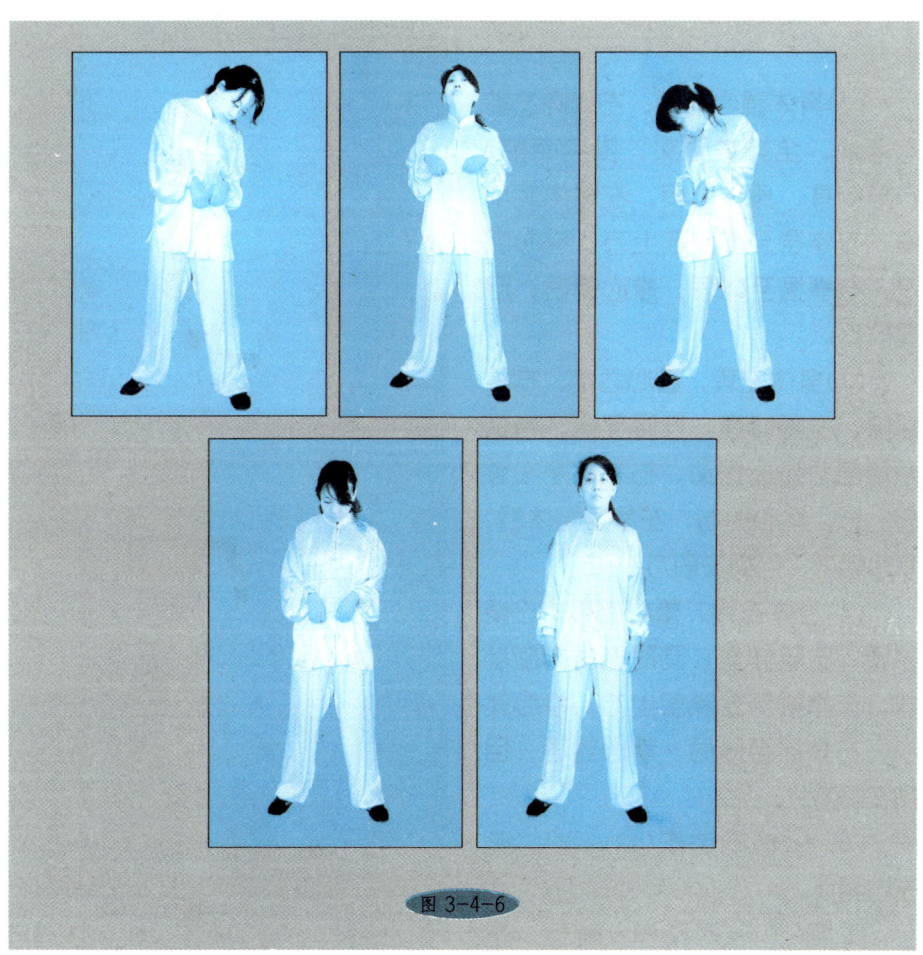

图 3-4-6

第二式 熊晃

动作方法 见图 3-4-7

（1）接上式，身体重心右移，左髋上提，牵动左脚离地，再略屈左膝，两掌握空拳呈"熊掌"，目视左前方；

（2）身体重心前移，左脚向左前方落地，全脚掌踏实，脚尖朝前，右腿伸直，身体右转，左臂内旋前靠，左拳摆至左膝前上方，拳心朝左，右拳摆至体后，拳心朝后，目视前方；

（3）身体左转，重心后坐，右腿屈膝，左腿伸直，拧腰晃肩，带动两臂前后弧形摆动，右拳摆至左膝前上方，拳心朝右，左拳摆至体后，拳心朝后，目视左前方；

（4）身体右转，重心前移，左腿屈膝，右腿伸直，同时左臂内旋前靠，左拳摆至左膝前上方，拳心朝左，右拳摆至体后，拳心朝后，目视左前方；

（5）～（8）同动作（1）～（4），唯左右相反。

重复（1）～（8）动作 1 遍后，左脚上步，开步站立，同时两手自然垂于体侧。两掌向身体侧前方举起，与胸同高，掌心向上，目视前方，

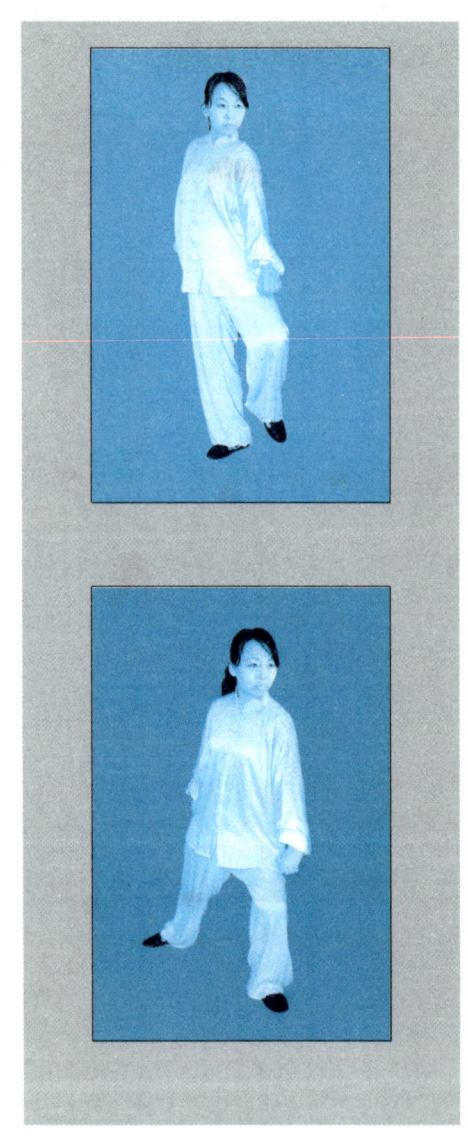

屈肘，两掌内合下按，自然垂于体侧，目视前方。

功法动作

技术要点

（1）用腰侧肌群收缩来牵动大腿上提，按提髋、起腿、屈膝的顺序提腿；

（2）两脚前移，横向间距略宽于肩，随身体重心前移，全脚掌踏实，使震动感传至髋关节处，体现熊步的沉稳厚实。

错误纠正

（1）没有提髋动作，直接屈膝提腿，向前迈步。因此，应先练习左右提髋。方法是：两肩保持水平，重心移向右脚，上提左髋牵动左腿提起，再原处落下，然后重心左移，上提右髋，以此体会腰侧肌群收缩状态。

（2）落步时，脚用力前踏，髋关节处没有震动感。因此，应注意提髋，屈膝，身体重心前移，脚自然落地，体重落于全脚掌，同时踝、膝关节放松，使震动感传至髋部。

功理与作用

（1）身体左右晃动，意在两胁，调理肝脾；

（2）提髋行走，加上落步的略震，可增强髋关节周围肌肉的力量，提高平衡能力，有助于防治老年人下肢无力、髋关节损伤、膝痛等病症。

图 3-4-7

第四戏 猿戏

猿生性好动，机智灵敏，善于纵跳，折枝攀树，躲躲闪闪，永不疲倦。习练"猿戏"时，外练肢体的轻灵敏捷，欲动则如疾风闪电，迅敏机警；内练精神的宁静，欲静则似静月凌空，万籁无声，从而达到"外动内静"、"动静结合"的境界。

第一式 猿提

 动作方法 见图 3-4-8

（1）接上式，两掌在体前，手指伸直分开，再屈腕撮拢捏紧呈"猿钩"；

（2）两掌上提至胸，两肩上耸，收腹提肛，同时，脚跟提起，头向左转，目随头动，视身体左侧；

（3）头转正，两肩下沉，松腹落肛，脚跟着地，"猿钩"变掌，掌心向下，目视前方；

（4）两掌沿体前下按落于体侧；目视前方。

（5）～（8）同动作（1）～（4），唯头向右转。

重复动作（1）～（8）1 遍。

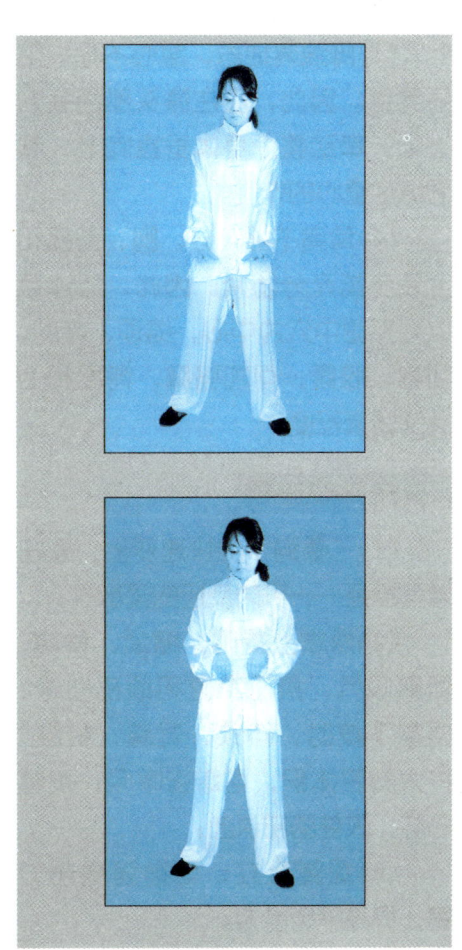

🌸 技术要点

（1）掌指撮拢变钩，速度略快；

（2）按耸肩、收腹、提肛、脚跟离地、转头的顺序，上提重心，耸肩、缩胸、屈肘、提腕要充分；

（3）动作可配合提肛呼吸，两掌上提吸气时，用意提起会阴穴，下按呼气时，放下会阴穴。

🌸 错误纠正

（1）脚跟离地后，重心不稳，前后晃动。因此，应注意头部百会穴上领，牵动整个身体垂直向上，起到稳定重心的作用。

（2）耸肩不够充分，胸、背部和上肢不能充分团紧。因此，应注意以胸部膻中穴为中心，缩项、夹肘、团胸、收腹，可加强胸、背部和上肢的团紧程度。

🌸 功理与作用

（1）"猿钩"的快速变化，意在增强神经——肌肉反应的灵敏性；

（2）两掌上提时，缩项，耸肩，团胸吸气，挤压胸腔和颈部血管，两掌下按时，伸颈，沉肩，松腹，扩大胸腔体积，可增强呼吸，按摩心脏，改善脑部供血；

（3）提踵直立，可增强腿部力量，提高平衡能力。

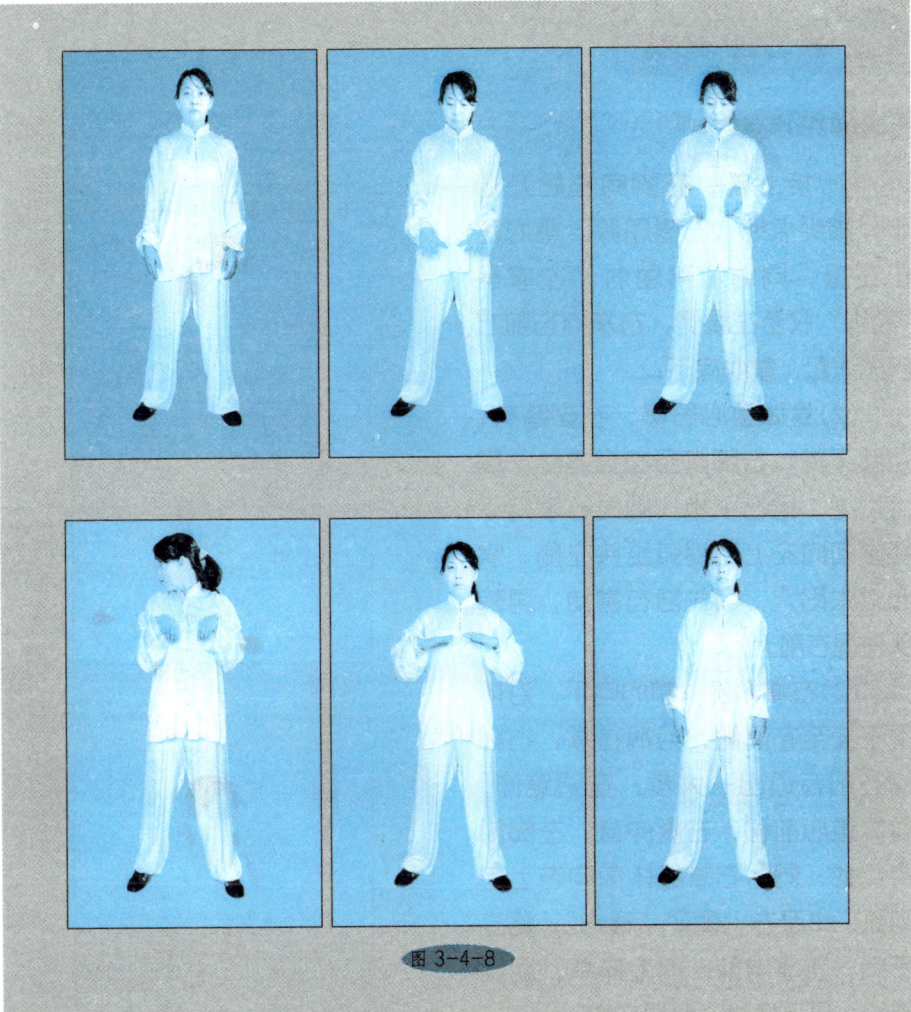

图 3-4-8

第二式 猿摘

动作方法 见图3-4-9

（1）接上式，左脚向左后方退步，脚尖点地，右腿屈膝，重心落于右腿，同时左臂屈肘，左掌呈"猿钩"收至左腰侧，右掌向右前方自然摆起，掌心向下；

（2）身体重心后移，左脚踏实，屈膝下蹲，右脚收至左脚内侧，脚尖点地，呈右丁步，同时右掌向下经腹前向左上方划弧至头左侧，掌心对太阳穴，目先随右掌动，再转头注视右前上方；

（3）右掌内旋，掌心向下，沿体侧下按至左髋侧，目视右掌，右脚向右前方迈出一大步，左腿蹬伸，身体重心前移，右腿伸直，左脚脚尖点地，同时右掌经体前向右上方划弧，举至右上侧变"猿钩"，略高于肩，左掌向前、向上伸举，屈腕撮钩，呈采摘势，目视左掌；

（4）身体重心后移，左掌由"猿钩"变为"握固"，右手变掌，自然回落于体前，虎口朝前，随后左腿屈膝下蹲，右脚收至左脚内侧，脚尖点地，呈右丁步，同时左臂屈肘收至左耳旁，掌指分开，掌心向上，呈托桃状，右掌经体前向左划弧至

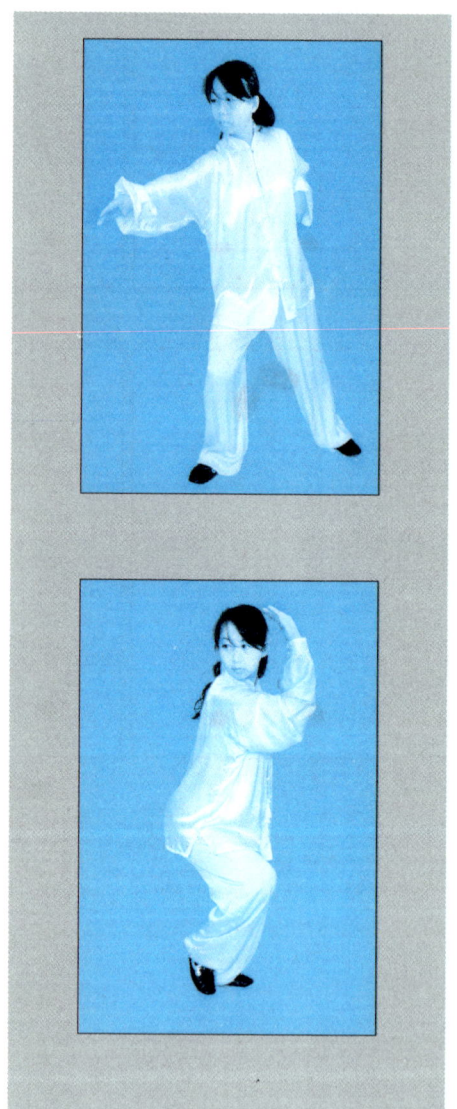

左肘下捧托，目视左掌。

（5）～（8）同动作（1）～（4），唯左右相反。

重复动作（1）～（8）1遍后，左脚向左横开一步，两腿直立，同时两手自然垂于体侧，两掌向身体侧前方举起，与胸同高，掌心向上，目视前方，屈肘，两掌内合下按，自然垂于体侧，目视前方。

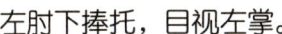

🌸 技术要点

（1）眼要随上肢动作变化左顾右盼，表现出猿猴眼神的灵敏；

（2）屈膝下蹲时，全身呈收缩状，蹬腿迈步，向上采摘，肢体要充分展开，采摘时变"猿钩"，手指撮拢快而敏捷，变握固后，呈托桃状时，掌指要及时分开；

（3）动作以神似为主，重在体会其意境，不可太夸张。

🌸 错误纠正

（1）上、下肢动作配合不够协调。因此，应注意下蹲时，手臂屈肘，上臂靠近身体；蹬伸时，手臂充分展开。

（2）摘桃时，手臂向上直线推出，"猿钩"变化的时机掌握不准。因此，应注意向上采摘，手的运行路线呈向上弧形，动作到位时，手

掌才变猿钩状。

🌼 功理与作用

　　(1)眼神的左顾右盼,有利于颈部运动,促进脑部的血液循环;

　　(2)动作的多样性体现了神经系统和肢体运动的协调性,模拟猿猴在采摘桃果时愉悦的心情,可减轻大脑神经系统的紧张度,对神经紧张、精神忧郁等症有防治作用。

图 3-4-9

鸟戏取形于鹤。鹤是轻盈安详的鸟类，人们对它进行描述时往往寓意它的健康长寿。习练时，要表现出鹤的昂然挺拔、悠然自得的神韵。仿效鹤翅飞翔，抑扬开合。两臂上提，伸颈运腰，真气上引；两臂下合，含胸松腹，气沉丹田。活跃周身经络，灵活四肢关节。

▼ 第一式 鸟伸

 见图 3-4-10

（1）接上式，两腿略屈下蹲，两掌在腹前相叠；

（2）两掌向上，举至头前上方，掌心向下，指尖向前，身体略前倾，提肩，缩项，挺胸，塌腰，目视前下方；

（3）两腿略屈下蹲，同时两掌相叠下按至腹前，目视两掌；

（4）身体重心右移，右腿蹬直，左腿伸直向后抬起，同时两掌左右分开，掌呈"鸟翅"，向体侧后方摆起，掌心向上，抬头，伸颈，挺胸，塌腰，目视前方。

（5）～（8）同动作（1）～（4），唯左右相反。

重复动作（1）～（8）1遍后，左脚下落，两脚开步站立，两手自然垂于体侧，目视前方。

五禽戏的基本技术

（1）两掌在体前相叠，上下位置可任选，以舒适自然为宜；

（2）注意动作的松紧变化，手掌上举时，颈、肩、臀部紧缩，下落时，两腿略屈，颈、肩、臀部松沉；

（3）两臂后摆时，身体向上拔伸，并形成向后反弓状。

错误纠正

（1）松紧变化掌握不好。因此，应先练习两掌相叠，在体前做上举下落动作，上举时收紧，下落时放松，逐步过渡到完整动作。

（2）单腿支撑时，身体重心不稳。因此，应注意身体重心移到支撑腿后，另一腿再向后抬起，支撑腿的膝关节挺直，有助于提高动作的稳定性。

功理与作用

（1）两掌上举吸气，扩大胸腔，两手下按，气沉丹田，呼出浊气，可加强肺的吐故纳新功能，增加肺活量，改善慢性支气管炎、肺气肿等病的症状；

（2）两掌上举，作用于大椎和尾闾，督脉得到牵动，两掌后摆，身

体呈反弓状，任脉得到拉伸。这种松紧交替的练习方法，可起到增强疏通任督二脉经气的作用。

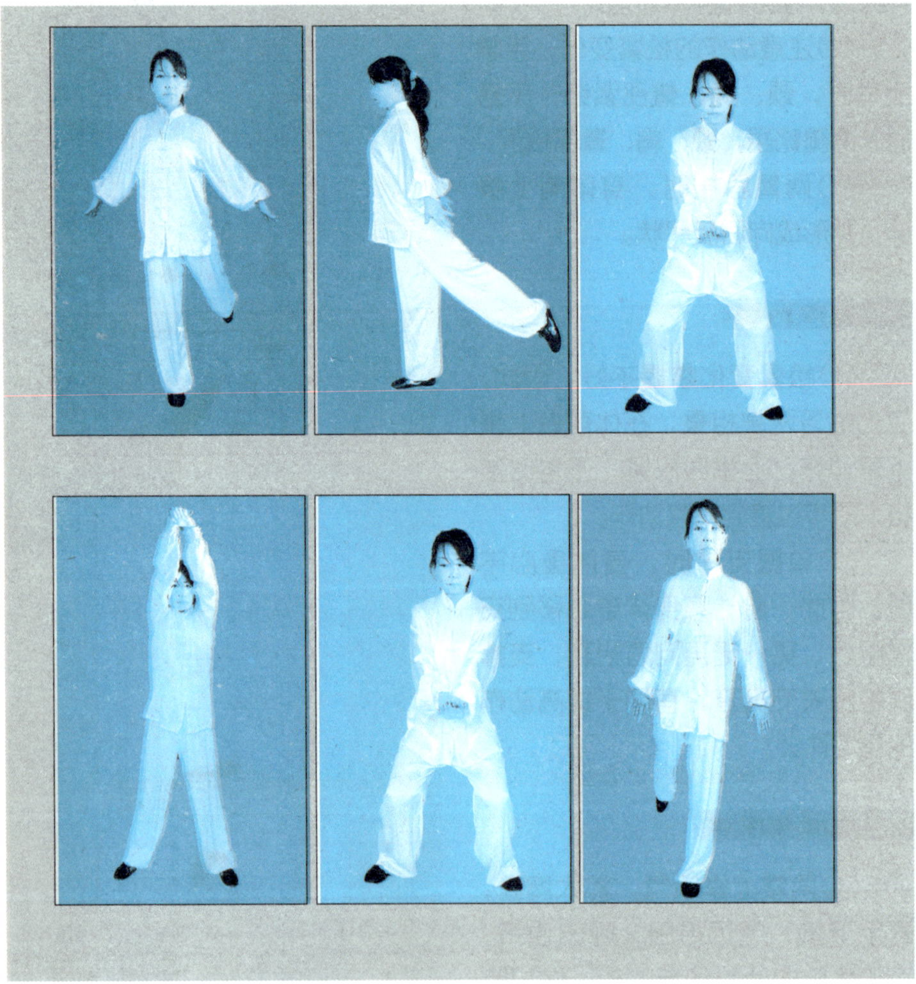

图 3-4-10

第二式 鸟飞

 动作方法 见图 3-4-11

　　(1)接上式，两腿略屈；两掌呈"鸟翅"合于腹前，掌心相对，目视前下方，右腿伸直独立，左腿屈膝提起，小腿自然下垂，脚尖朝下，同时两掌呈展翅状，在体侧平举向上，略高于肩，掌心向下，目视前方；

　　(2)左脚下落在右脚旁，脚尖着地，两腿略屈，同时两掌合于腹前，掌心相对，目视前下方；

　　(3)右腿伸直独立，左腿屈膝提起，小腿自然下垂，脚尖朝下，同时两掌经体侧，向上举至头顶上方，掌背相对，指尖向上，目视前方；

　　(4)左脚下落在右脚旁，全脚掌

着地，两腿略屈，同时两掌合于腹前，掌心相对，目视前下方。

（5）~（8）同动作（1）~（4），唯左右相反。

重复动作（1）~（8）1遍后，两掌向身体侧前方举起，与胸同高，掌心向上，目视前方。屈肘，两掌内合下按，自然垂于体侧，目视前方。

技术要点

（1）两臂侧举，动作舒展，幅度要大，尽量展开至胸部两侧，两臂下落内合时，尽量挤压胸部两侧；

（2）手脚变化配合协调，同起同落；

（3）动作可配合呼吸，两掌上提时吸气，下落时呼气。

错误纠正

（1）两臂伸直摆动，动作僵硬。因此，应注意两臂上举时，力从肩发，先沉肩，再松肘，最后提腕，形成手臂举起的蠕动过程；下落时，先松肩，再沉肘，最后按掌合于腹前。

（2）身体紧张，直立不稳，呼吸不畅。因此，应注意两臂上举时吸气，头部百会穴上领，提胸收腹；下落时呼气，松腰松腹，气沉丹田。

五禽戏的基本技术

✿ 功理与作用

（1）两臂的上下运动可改变胸腔容积，若配合呼吸运动可起到按摩心肺作用，增强血氧交换能力；

（2）拇指、食指的上跷紧绷，意在刺激手太阴肺经，加强肺经经气的流通，提高心肺功能；

（3）提膝独立，可提高人体平衡能力。

功法动作

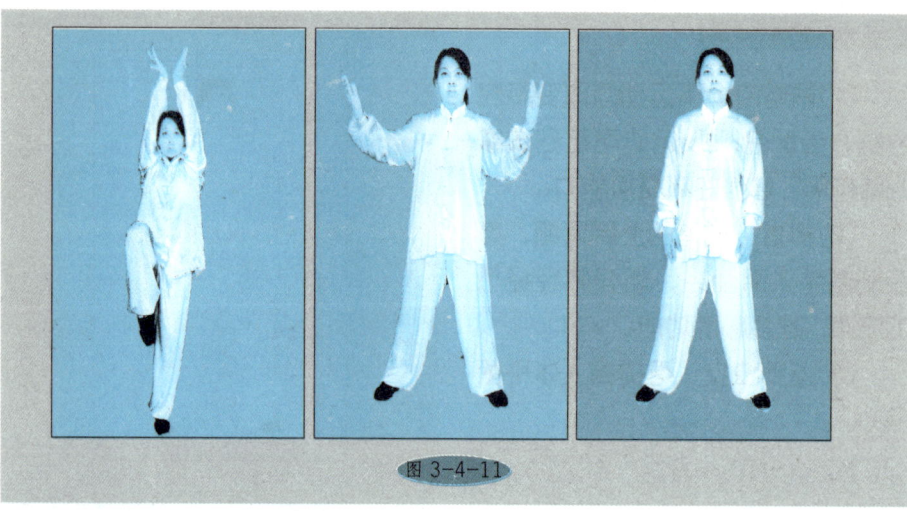

图 3-4-11

收势 引气归元

动作方法 见图 3-4-12

　　(1)两掌经体侧上举至头顶上方，掌心向下；

　　(2)两掌指尖相对，沿体前缓慢下按至腹前，目视前方；

　　(3)重复(1)(2)动作 2 遍；

　　(4)两手缓慢在体前划平弧，掌心相对，高与脐平，目视前方；

　　(5)两手在腹前合拢，虎口交叉，叠掌，眼微闭静养，调匀呼吸，意守丹田；

　　(6)数分钟后，两眼慢慢睁开，两手合掌，在胸前搓擦至热；

　　(7)掌贴面部，上、下擦摩，浴面 3～5 遍；

（8）两掌向后沿头顶、耳后、胸前下落，自然垂于体侧，目视前方；

（9）左脚提起向右脚并拢，前脚掌先着地，随之全脚踏实，恢复呈预备势，目视前方。

技术要点

（1）两掌由上向下按时，身体各部位要随之放松，直达脚底涌泉穴；

（2）两掌腹前划平弧动作，衔接要自然、圆活，有向前收拢物体之势，意将气息合抱引入丹田。

错误纠正

（1）两掌上举带动两肩上抬，胸廓上提。因此，应注意身体重心相对固定，两掌上举时，注意肩部下沉放松。

（2）两掌运行路线不清。因此，应注意两掌在体侧向上做立圆和在腹前向前划平弧时，意念要放在掌心。

功理与作用

（1）引气归元即使气息逐渐平和，意将练功时所得体内、体外之气，导引归入丹田，起到和气血、通经脉、理脏腑的功效；

（2）通过搓手、浴面，恢复常态，收功。

图 3-4-12

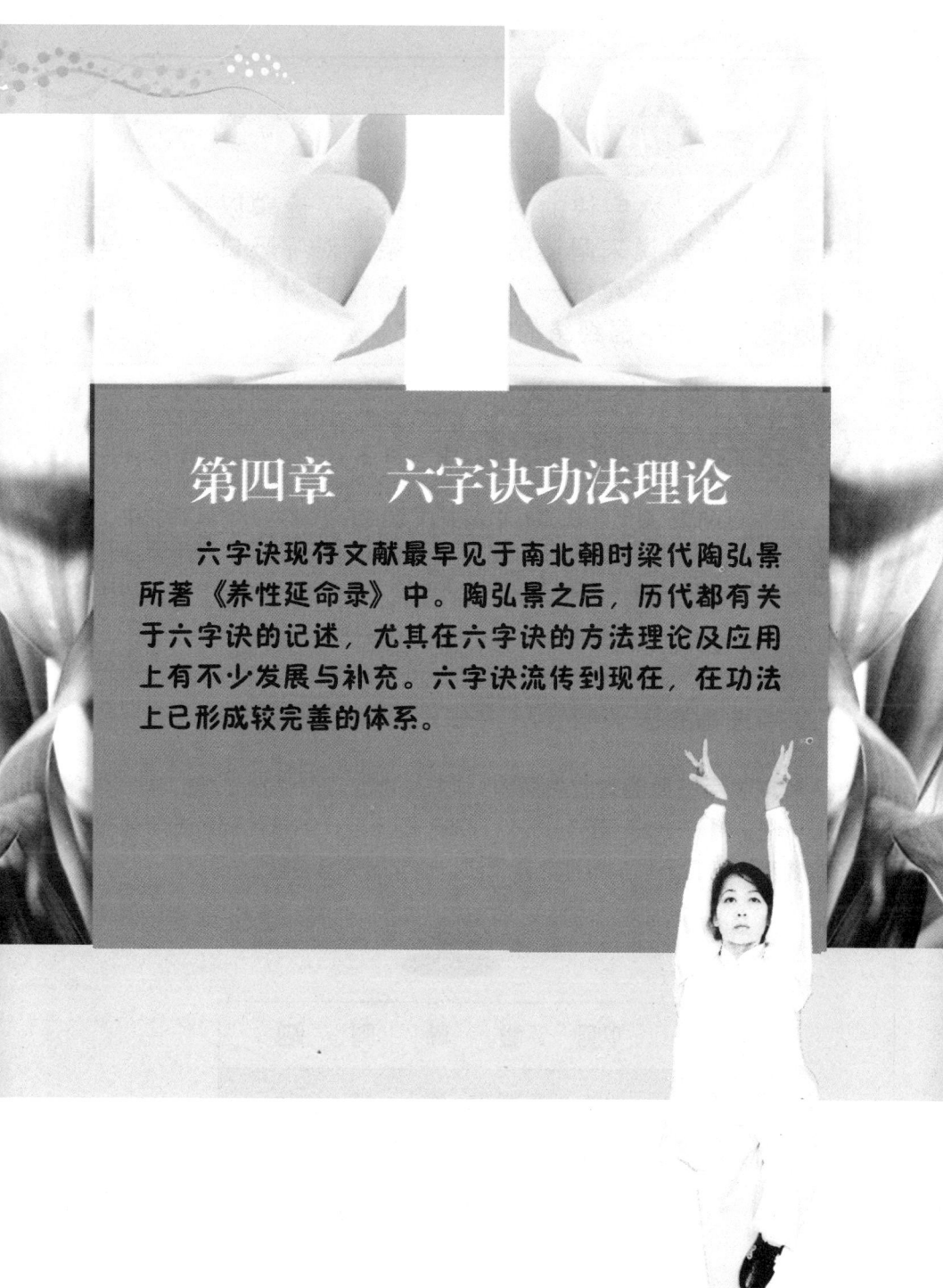

第四章　六字诀功法理论

六字诀现存文献最早见于南北朝时梁代陶弘景所著《养性延命录》中。陶弘景之后，历代都有关于六字诀的记述，尤其在六字诀的方法理论及应用上有不少发展与补充。六字诀流传到现在，在功法上已形成较完善的体系。

第一节

基本理论

目前，六字诀的功法理论保持了唐宋以来按中医五行五脏学说来阐述的主体框架，对呼吸口型及发生方法的认识渐趋统一，肢体的动作导引与意念的导引原则上遵循中医经络的循行规律。

 关于六字的脏腑归属

《养性延命录·服气疗病篇》中有关六字诀的记载为："凡病之来，不离五脏，事须识根，不识者勿为之耳。心脏病者，体有冷热，吹呼二气出之；肺脏病者，胸膈胀满，嘘气出之；脾脏病者，体上游风习习，身痒痛闷，唏气出之；肝脏病者，眼疼愁忧不乐，呵气出之。"

▼ **陶氏与孙氏六字诀脏腑对应及练习顺序**

其六字与脏腑的对应关系为：心——吹、呼，肺——嘘，脾——唏，肝——呵，肾——呬（表4-1-1），并不同于现代。唐代孙思邈所著《备急千金要方》卷二十七中养性之调气法，也与其完全一致。

表 4-1-1

吹呼	嘘	唏	呵	呬
心	肺	脾	肝	肾
火	金	土	木	水

宋代邹朴庵六字诀脏腑对应及练习顺序

唐代道教学者胡愔的《黄庭内景五脏六腑补泄图》，在脏腑归属上，和宋代邹朴庵的《太上玉轴六字气诀》的对应关系相同：心——呵，肺——呬，肝——嘘，脾——呼，肾——吹，胆——唏（嘻）（表4-1-2）。后来的文献在六字与脏腑的对应归属上，大体都沿用了这一论述，只是将胆——嘻改为三焦——嘻。

表4-1-2

呵	呬	嘘	呼	吹	嘻
心	肺	肝	脾	肾	胆
火	金	木	土	水	木

综合有关文献，根据《河洛精蕴》五音五行五脏的论述，我们认为六字诀与脏腑的对应关系应为：呵为舌音正对应于心——火，呼为喉音正对应于脾——土，吹为唇音正对应于肾——水，嘘（嘻）为牙音正对应于肝（胆）——木，呬为齿音正对应于肺——金，"嘻"通少阳经脉，既可疏通胆经，又可疏通三焦经脉。中医认为"少阳为枢"，通少阳即可调理全身气机，三焦的作用正是通行全身诸气。

因此，在六字的脏腑对应上，"呵——心，呬——肺，嘘——肝，呼——脾，吹——肾，嘻——三焦"是合理且规范的。

 明清——现代六字诀脏腑对应及练习顺序

隋代高僧智顗在《童蒙止观·治病第九》中记述："心配属呵肾属吹，脾呼肺呬圣皆知，肝藏热来嘘字至，三焦壅处但言嘻。"其脏腑配属已与明清和现代相同（表4-1-3）。

表4-1-3

嘘	呵	呼	呬	吹	嘻
肝	心	脾	肺	肾	三焦
木	火	土	金	水	

注：以马礼堂"养气功六字诀"为例，为五行相生之序。

在六字的习练顺序上，历史上有代表性的论述主要有三种：

（1）陶弘景在《养性延命录》中记述："已上十二种调气法，依常以鼻引气，口中吐气，当令气声逐字，呵、呼、嘘、呬、唏、吹，吐之。"这与孙思邈《备急千金要方》中的顺序是一样的，起于心，依五脏五行相克的顺序排列（表4-1-1）。

（2）明清以后基本改为按明代冷谦《修龄要旨》中记载的《四季却病歌》顺序："春嘘明目木扶肝，夏至呵心火自闲，秋呬定收金肺润，肾吹惟要坎中安，三焦嘻却除烦热，四季常呼脾化餐。"这是按照四季循环，五行相生顺序来排列的（表4-1-2）。

（3）邹朴庵在《太上玉轴六字气诀》中，不仅脏腑归属发生变化，其练习的顺序也相应变化，呈现由相克向相生变化的趋势（表4-1-3）。只有"呬""嘘"之间还是相克，而且仍起于五行之心火，取先泄心之火毒的意思。

第一种以"疗病"为目的，因此采取五行相克的顺序习练。以后，六字诀的应用逐渐向养生转变，习练顺序也逐渐向相生顺序发展，最后定型为与四季养生法相应的五行相生顺序。

因此，在习练六字诀中，若以治病为主要目的，应以五行相克的顺序习练：呵——呬——嘘——呼——吹——嘻。若以养生为主要目的长期习练，则应按五行相生的顺序：嘘——呵——呼——呬——吹——嘻。"健身气功·六字诀"用后者。

关于六字的读音与口型

明清以前，由于没有统一的汉字注音方法，读音主要靠已知之字音互切而说明。这样，就造成了人们对六字诀发音的不同，出现了"同字不同音、同音不同字"的现象。受地域的影响，造成六字诀读音发声的差异。这就需要对读音、口型进行统一规范，以保证功法的正确性。

关于六字的读音

从现有文献来看，"养气功六字诀""峨眉派""六字真言"的说法基本概括了六字诀的读音和口型的差异（表4-1-4）。

表 4-1-4

六字		嘘	呵	呼	呬	吹	嘻(唏)
养生气功六字诀	拼音	xū	kē	hū	xià	chuī	xī
	口型	两唇略合，嘴角横绷，略向后用力	口半张，舌平放于口内，舌尖轻顶下齿，下颌放松	撮口如管状，舌放在中央，两侧向上略卷	开口张腭，舌尖轻抵下腭	撮口，两嘴角向后咧，舌尖略向上翘	两唇略启，有嘻笑自得之貌、怡然自得之心
峨眉派		xū	hā(哈)	无	sī	hāi	xī
六字真言	拼音	xū	hē	hū	xì	chuī	xī
	口型着力点	自觉上下牙(即门齿)用力，两唇略启	力源于舌根，口自然张开	力在喉，口撮突出如管	力源于齿(即两侧上下槽牙)，两唇略启，嘴角向后拉	吹音之力在唇的中央部，两唇中央略启	力来自口腔上膛，兼有喉的力量，两唇略张，门牙似扣

其中，"呵"字，"养气功六字诀"读"kē"，"峨眉派"读"hā（哈）"，"六字真言"读"hē"；"呬"字，"养气功六字诀"读"xià"，"峨眉派"读"sī（嘶）"，而"六字真言"读"xì"，差异最大。

在请教我国有关音韵学专家和了解六字读音的历史演变概况后，他们都认为，"呵"字，应都读"hē"。而对"呬"字，认识并不统一，有的专家认为，清代和现代都应读"sī"，或四声降调"sì（四）"，或一声平调"sī（嘶）"；有的专家则认为应读"xì（戏）"四声降调。

查阅清代江慎修所著《河洛精蕴》的有关论述，在其卷七中"图书为声音之源说"记载："人之言出于喉，掉于舌，触击于牙、齿、唇，以应五行。喉音为土，舌音为火，牙音为木，齿音为金，唇音为水。"其对发声部位解释与我国戏曲界专家所说相同。经深入分析研究发现，呼（hū）字正好为喉音，五行属土，对应脾；呵（hē）字正好为舌音，五行属火，对应心；嘘、嘻为牙音，五行属木，对应肝、胆；吹（chuī）字正好为唇音，五行属水，对应肾；呬字读sī则正好为齿音，五行属金，对应肺。这些，恰恰形成了五行五音五脏的对应关系，符合传统中医理论。

由此，在"呬"字上，武术气功管理中心课题组确定了sī的发音。至于声调，是根据六字诀调息法要求匀细柔长的规律确定为平声sī，与其他五字统一，六字均为清音平声。

 关于六字的口型

在六字读音确定后，由于受地方口音的影响，仍会造成六字诀读音发声的差异。用现代普通话来规范和统一，为一种较好的方法。用特定的口型与气息要求来规范六字诀的吐气发声，更能体现六字诀的内在本质。因为不同的口型会产生不同的内外气息，进而影响体内脏腑运动和经络运行状况。

"养气功六字诀"和"六字真言"都曾强调口型准确的重要性。"养气功六字诀"中讲："脏腑的内部运动和经络的运行受人体内外不同作用力的影响，而呼气时用不同的口型可以使唇、舌、齿、喉产生不同的形状和位置，从而造成胸腔、腹腔不同的内在压力，影响不同脏腑的气血运行，从而取得治病健身的效果。""六字真言"中要求，吐字时要体会"着力点"：

"口腔内不同部位的力发出不同的声音，这个部位就是着力点。着力点的规定不是要求练功者用力发音，而是要求练功者在练习中逐渐悟出这个点，自觉感受这个点，自然随和这个点，以保证发音的准确性和内脏的和谐共振。"（其对口型与着力点的具体描述参考表 4-1-4）。

用以上唇齿舌喉牙、五行五音的系统原则对六字的口型与气息要点进行规范化探索，结果详见表 4-1-5。

表 4-1-5

六字	嘘	呵	呼	呬	吹	嘻(唏)
汉语拼音	x ū	h ē	h ū	s ī	chui	xi
口型	嘴角紧缩后引，槽牙(即磨牙)上下平对，中留缝隙，槽牙与舌边留有空隙	舌体略上拱，舌边轻贴上槽牙	舌体下沉，口唇撮圆，正对咽喉	上下门牙对齐、放松，中留狭缝，舌顶下齿后	舌体和嘴角后引，槽牙相对，两唇向两侧拉开收紧，在前面形成狭隙	嘴角放松后引，槽牙上下平对轻轻咬合，整个口腔气息压扁
气息要点	从槽牙间、舌两边的空隙中经过，缓缓而出	从舌上与上腭之间缓缓而出	从喉出后，经口腔中部与撮圆的口唇缓缓而出	从齿间扁平送出	从喉出，经舌两边绕舌下，经唇间狭隙缓缓而出	从槽牙边的空隙中经过缓缓而出

六字	嘘	呵	呼	呬	吹	嘻(唏)
五音	牙	舌	喉	齿	唇	牙
五行	木	火	土	金	水	木
脏腑	肝	心	脾	肺	肾	三焦(胆)

关于六字诀的吐纳法与呼吸法

吐纳法与呼吸法是六字诀重要的部分，只有练习者掌握正确的吐纳与呼吸方法，才能更好地进行习练。

六字诀的吐纳法

历史文献认为，六字诀的吐纳法为鼻吸口呼，匀细柔长。但在吐气时是否出声的问题上，认识各不相同。陶弘景《养性延命录》中"气声逐字"需出声，孙思邈也基本沿用其法，而唐代胡　愔后的大多数文献改为呼吸皆应令"耳不得闻其声"。论述最详者为宋代邹朴庵《寿亲养老新书》中的"太上玉轴六字气诀"。"养气功六字诀"主要应用的是发声法。书中认为，临床应用时发声比不发声收效快；只有发声才能区分宫、商、角、徵、羽，才能配合五脏，更好地治病，并称其为"风呼吸"。但同时也要求："初学者，一定要出声，便于气机通畅和掌握口型；等口型正确、腹式呼吸精通后，自然呼吸深长……真气调动起来，水到渠成，就顺理成章地不出声了。"

陶弘景与孙思邈的吐气出声法主要应用于治疗疾病，而后世"吐气无声"则把治病与养生相结合并向养生应用转变。古人常称六字诀为"六字气""六气诀"或"六字气诀"。这说明，气息为六字吐气时的关键，而不是声音。发声是气息由慢变急、由清变浊的表现，中医认为它偏重于泻法的作用。

另外，是否出声还与是否配合动作及导引动作的特性有关。动作有力、转折停顿明显的，自然应以出声为好，像武术家对六字诀等声法的运用；而静功或动作舒缓、圆转自然者，则应以不出声为好。具体运用上应区别对待，辨证施功。

对于"健身气功·六字诀"，根据习练对象的不同，要求并不一样。总的要求是，"吐气不出声"。具体来说，对于初学者，可以吐气出声，主要是为便于口型校正，防止憋气；功法熟练后，则应逐渐转为吐气轻声，乃至匀细柔长的无声状态。

通过专门观察"呼"字不同状态对练功人群平均肌力的影响，探索对以上问题的科学验证方法。结果显示：单纯读字出声与不出声比较虽然差异无显著性，但握力平均值出声组高于不出声组。这可能与测试对象大都是六字诀初学者和评价方法（肌力）与发声的用力状态更接近有关（因为发声用力可调动肌肉的工作能力）。对此，尚需进一步研究探讨。

六字诀的吐纳法

传统六字诀文献中对呼吸法的介绍主要集中在"鼻吸口吐"、吐气有声或无声上，对呼吸方法则没有具体论述。而根据气功养生的基本原则和六字诀要求深长细柔的呼吸要领来分析，应为"腹式呼吸"。

在"健身气功·六字诀"中，主要运用逆腹式呼吸方法，配合圆缓的以肚脐为中心的升降开合动作。动作开合与内气的呼吸开合相应，能进一步调动人体内气的平衡，使"健身气功·六字诀"更具有养生健身的特色。

 关于六字诀中导引动作的配合

明代以前六字诀没有动作配合的记载，基本是单纯的吐纳方法。明代以后，才开始有关于动作配合的资料。如高濂的《遵生八笺》、胡文焕的《类修要诀》中的"去病延年六字法"，注明以口吐鼻取时，动作相配合："肝若嘘时目睁精（睛），肺知呬气手双擎，心呵顶上连叉手，肾吹抱取膝头平，脾病呼时须撮口，三焦客热卧嘻宁。"其中"嘘字诀"是眼睛的动作，"呼字诀"是口型，其他几种也是单纯的定式动作描述。另外，在宋、元、明、

清等不同时期各种健身术中，也有配用六字诀作为其辅助练习的记载，如八段锦、易筋经、峨眉桩、形意拳、八卦掌和大雁功等，但都未形成独立的六字诀导引功法，而是各种特色的六字诀应用，与原始的静功六字诀已不完全一样，在武术动功中大多已变成了助力练气的声法练习。

经过对文献及各种实践经验的研究分析，确定了"健身气功·六字诀"动作设计原则：

（1）应符合六字诀吐纳法对人体气机的调整规律和节律，简捷明了，切实做好吐纳的辅助，而不应是导引与吐纳的简单相加；

（2）新功法以健身为主，动作配合上也应与临床治疗相区别，做到舒缓圆活，连绵不断，养练结合；

（3）每个字诀的动作特点都要符合它所对应脏腑的气化特点，如肝之升发、肾之闭藏等。在这些原则的指导下，武术气功管理中心课题组博采众长，在继承的基础上创新，编创了"健身气功·六字诀"的辅助导引动作。

同时，通过"呼"字不同状态对练功人群的平均肌力影响的实验，探讨导引动作与吐纳之间的关系。从实验结果来看，虽然目前有动作组与无动作组之间比较差异无显著意义，但有动作组的肌力平均值大于无动作组。这些表明，呼吸与动作相结合，效果较为理想，二者有相辅相成的作用。

健身气功六字诀习练要领

"健身气功·六字诀"是以呼吸吐纳为主要手段，并配以简单导引动作的气功健身方法。在习练中，应掌握以下要领。

校准口型，体会气息

吐气发声是六字诀独特的练功方法，因此，应特别注意口型的变化和气息的流动。气息通过喉、舌、齿、牙、唇时的流动线路与口型的变化密切相关。六种口型产生的特定的六种气息运动方式，进而对内气与相应的脏腑功能产生影响。因此，习练者必须注意口型的要求，校准口型。口型正确与否体现在两个方面：一是出声时体会字音是否准确，二是体会每个字的正确口腔气流流动方式。

此外，习练时还要掌握好"先出声，后无声"的原则。习练者在初学时可采用吐气出声的方法，以便于校正口型与读音，防止憋气；在练习熟练以后，可逐渐过渡为吐气轻声，渐至匀细柔长最后吐气无声的状态。

 ## 寓意于气(呼吸)，寓意于形

本功法强调意念与舒缓圆活的动作、匀细柔长的吐气发声相结合，寓意于气(呼吸)，寓意于形，不过分强调意念活动。习练时要注意协调自然，勿忘勿助。倘若用意过重，则易导致动作僵硬、呼吸急促，反而无法达到松静自然的要求。同时，在形体上也要放松自然，不要过多注意肢体运动的规格，形松神静才能使呼吸渐缓、脉搏频率降低，使气机的升降开合调整到最佳状态。如果心意过重，导致肢体动作僵硬，必然破坏机体的内部平衡，因此无法实现调整气机的作用。在本功法中"吐纳为主，导引为辅"的要求，就是讲两者间的有机结合，而不是简单的"吐纳加导引"。

 ## 注意呼吸，微微用意

呼吸的方法最常用的有自然呼吸和腹式呼吸，腹式呼吸又分为顺腹式呼吸与逆腹式呼吸两种。"健身气功·六字诀"中的呼吸方法主要是逆腹式呼吸，其方法与要领是：鼻吸气时，胸腔慢慢扩张，而腹部随之略内收，口呼气时则与此相反。这种呼吸方法使横膈膜升降幅度增大，对人体脏腑产生类似按摩的作用，有利于促进全身气血的运行，并且功效非常明显。但初学者应切记，呼吸时一定要注意微微用意，做到吐唯细细，纳唯绵绵，有意无意，绵绵若存，不能用力，绝不可故意用力使腹部鼓胀或收缩。

 ## 动作松柔舒缓，协调配合

本功法是以呼吸吐纳为主，同时又辅以动作导引的功法。动作导引有活动关节、强筋健骨的作用。习练时要注意与呼吸吐纳、吐气发声的协调配

合，动作要做到松、柔、舒、缓，以不破坏呼吸吐纳和吐气发声的匀细柔长为基本规律。

循序渐进，持之以恒

练功时宜选择空气清新、环境幽静的地方，最好穿运动服或比较宽松的服装，以利于动作的完成与身体气血的流通。同时，要始终保持全身放松、心情舒畅、思想安静的状态，以专心练功。

练功时应注意循序渐进，不可急于求成，尤其是年老体弱者对于动作幅度的大小、运动量的大小、呼吸的长短、练功次数的多少都要注意因人而异，量力而行。练功结束，可以做一些简单的保健功法，如搓手、擦面、全身拍打及散步等，以便从练功状态充分恢复到正常状态。

练功中要树立信心与恒心，相信气功具有强身健体、养生康复的作用，做到持之以恒，坚持不懈。

第二节

功法动作

　　健身气功六字诀具有读音口型,系统规范;吐纳导引,内外兼修;舒缓圆活,动静结合;简单易学,安全有效的特点。它要求习练者要做到校准口型,体会气息;寓意于气(呼吸),寓意于形;注意呼吸,微微用意;动作松柔舒缓,协调配合;循序渐进,持之以恒。

预备势

动作方法 见图4-2-1

　　(1)两脚平行站立,约与肩同宽,两膝略屈;

　　(2)头正颈直,下颌略收,竖脊含胸,两臂自然下垂,周身中正,唇齿合拢,舌尖放平,轻贴上腭,目视前下方。

技术要点

　　(1)鼻吸鼻呼,自然呼吸;

　　(2)面带微笑,思想安静,全身放松。

图4-2-1

错误纠正

　　(1)两膝过直或过屈,使髋、膝关节紧张。因此,应注意两膝要似屈非屈,关节放松。

　　(2)挺胸抬头,目视远方。因此,应注意内收下颌,目视前下方,竖直脊柱,两肩略内含。

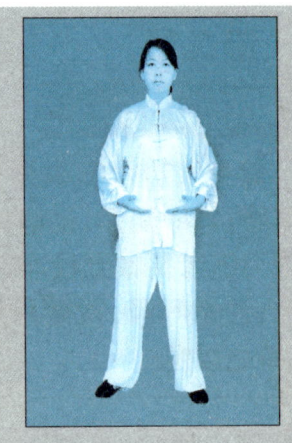

功理与作用

（1）不仅可使习练者身体放松，心平气和，渐入练功状态，并且具有沟通任督二脉，利于全身气血运行的作用；

（2）可起到集中注意力，养气安神，消除疲劳及内心焦虑的作用。

起势

动作方法 见图 4-2-2

（1）接上式，屈肘，两掌十指相对，掌心向上，缓缓上托至胸前，约与两乳同高，目视前方；

（2）两掌内翻，掌心向下，缓缓下按，至肚脐前，目视前下方；

（3）略屈膝下蹲，身体后坐，同时两掌内旋外翻，缓缓向前拨出，至两臂呈圆；

（4）两掌外旋内翻，掌心向内。侧身，两掌缓缓收拢至肚脐前，虎口交叉相握轻覆肚脐，静养片刻，自然呼吸，目视前下方。

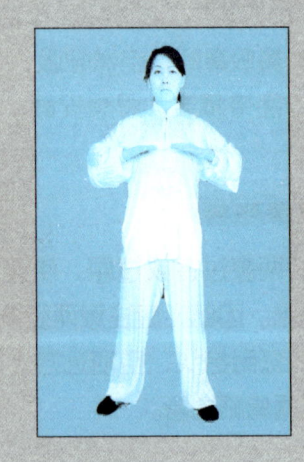

技术要点

（1）鼻吸鼻呼；

（2）两掌上托时吸气，下按、向前拨出时呼气，收拢时吸气。

错误纠正

（1）两掌上托时，两肘向后、挺胸。因此，应注意掌上托时，两肘向前，张肩含胸。

（2）两掌向前拨出时，挺胸凸腹。因此，应注意两掌向前拨出时，身体后坐，掌向前撑。

（3）两掌轻覆肚脐静养时—两肘后夹，紧抱肚脐。因此，应注意两肘略外展，虚腋。

功理与作用

（1）通过两掌托、按、拨、拢及下肢的节律性屈伸，同时配合呼吸，外导内行，可以协调人体"内气"的升、降、开、合，并且有促进全身气血畅旺的作用，同时也为以下各式的习练做好准备；

（2）腰膝关节柔和的节律运动，有利于改善和增强中老年人的腰膝关节功能。

图 4-2-2

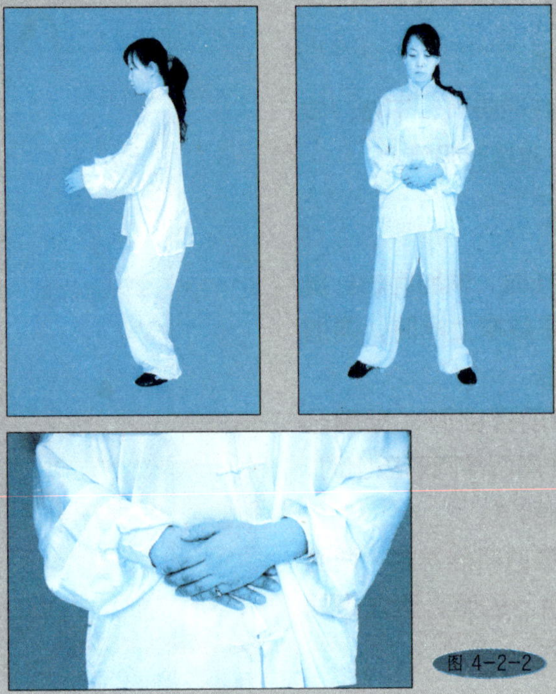

第一式 嘘(xū)字诀

动作方法 见图 4-2-3

（1）接上式，两手松开，掌心向上，小指轻贴腰际，向后收到腰间，目视前下方，两脚不动，身体左转90度，同时右掌由腰间缓缓向左侧穿出，约与肩同高，并配合口吐"嘘"字音，两目渐渐圆睁，目视右掌伸出方向；

（2）右掌沿原路收回腰间，同时身体转回正前方，目视前下方；

（3）身体右转90度，同时左掌由腰间缓缓向右侧穿出，约与肩同高，并口吐"嘘"字音，两目渐渐圆睁，目视左掌伸出方向；

（4）左掌沿原路收回腰间，同时，身体转回正前方，目视前下方。

如此左右穿掌各3遍，本式共吐"嘘"字音6次。

✿ 技术要点

（1）"嘘"字吐气法，"嘘"字音xū，属牙音，发音吐气时，嘴角后引，槽牙上下平对，中留缝隙，槽牙与舌边亦有空隙，发声吐气时，气从槽牙间、舌两边的空隙中呼出体外；

（2）穿掌时口吐"嘘"字音，收掌时鼻吸气，动作与呼吸应协调一致。

✿ 错误纠正

（1）穿掌、吐气不协调。因此，应注意穿掌与吐气要同始同终，势成气尽。

（2）穿掌向斜前方。因此，应注意穿掌时手指应指向左（或右）侧。

（3）转体时，身体重心前倾或后坐。因此，应注意两脚不动，身体中线保持垂直做水平旋转。

✿ 功理与作用

（1）中医认为，"嘘"字诀与肝相应，口吐"嘘"字具有泄肝之浊气、调理肝脏功能的作用，同时，配合两目圆睁，还可起到疏肝明目的功效；

（2）掌心向上从腰间向对侧穿出，一左一右，交替练习，外导内

行，使肝气升发，气血调和；

　　（3）身体的左右旋转，使腰部及腹内的组织器官得到锻炼，不仅能提高中老年人的腰膝及消化功能，而且还能使人体的带脉得到疏通与调节，全身气机得以顺利升降。

图 4-2-3

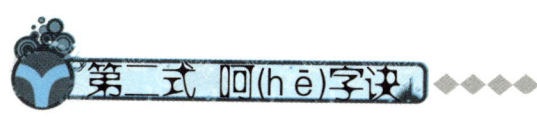

第二式 呵(hē)字诀

动作方法 见图4-2-4

（1）接上式，吸气，同时两掌小指轻贴腰际略上提，指尖朝向斜下方，目视前下方，屈膝下蹲，同时两掌缓缓向前下约45度方向插出，两臂略屈，目视两掌；

（2）略屈肘收臂，两掌小指一侧相靠，掌心向上，呈"捧掌"，约与肚脐相平，目视两掌心；

（3）两膝缓缓伸直，同时屈肘，两掌捧至胸前，掌心向内，两中指约与下颌同高，目视前下方；

（4）两肘外展，约与肩同高，同时两掌内翻，掌指朝下，掌背相靠然后两掌缓缓下插，目视前下方，从插掌开始，口吐"呵"字音；

（5）两掌下插至肚脐前时，略屈膝下蹲，同时两掌内旋外翻，掌心向外，缓缓向前拨出，至两臂成圆，目视前下方；

（6）两掌外旋内翻，掌心向上，于腹前呈"捧掌"，目视两掌心；

（7）两膝缓缓伸直，同时屈肘，两掌捧至胸前，掌心向内，两中指约与下颌同高，目视前下方；

（8）两肘外展，约与肩同高，同时两掌内翻，掌指朝下，掌背相靠，

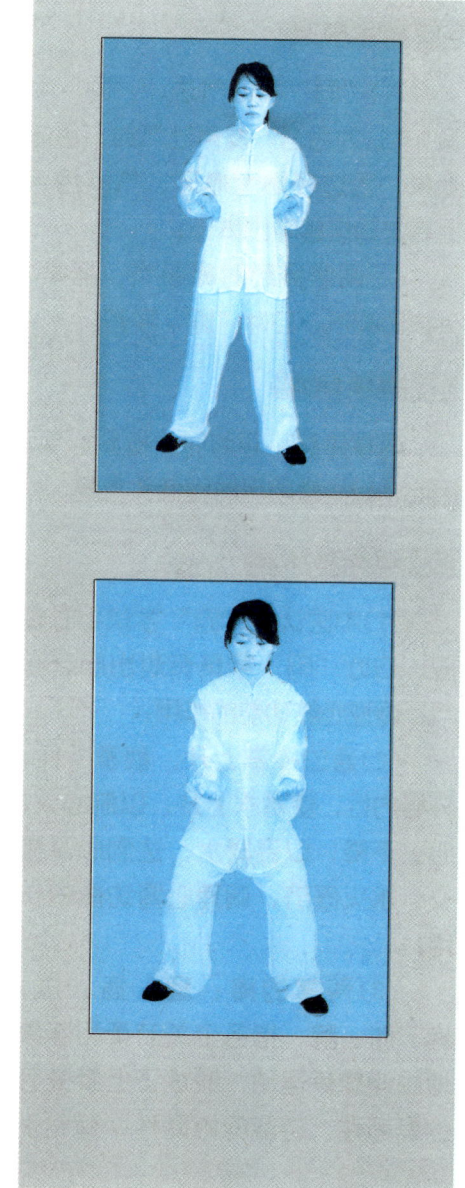

功法动作

然后两掌缓缓下插，目视前下方，从插掌开始，口吐"呵"字音。

重复动作(5)~(8)4遍。本式共吐"呵"字音6次。

❋ 技术要点

(1)"呵"字吐气法，"呵"字音 hē，为舌音，发声吐气时，舌体上拱，舌边轻贴上槽牙，气从舌与上腭之间缓缓呼出体外；

(2)两掌捧起时鼻吸气，插掌、外拨时呼气，口吐"呵"字音。

❋ 错误纠正

两掌捧起、屈肘时，挺胸抬头。因此，应注意屈肘时应低头含胸。

❋ 功理与作用

(1)中医认为，"呵"字诀与心相应，口吐"呵"字具有泄出心之浊气，调理心脏功能的作用；

(2)通过捧掌上升，翻掌下插，外导内行，使肾水上升，以制心火，心火下降，以温肾水，达到心肾相交，水火既济，调理心肾功能的作用；

(3)两掌的捧、翻、插、拨，肩、肘、腕、指各个关节柔和连续地屈伸旋转运动，锻炼了上肢关节的柔韧性、功能的协调性，有利于

防治中老年人的上肢骨关节退化等病症。

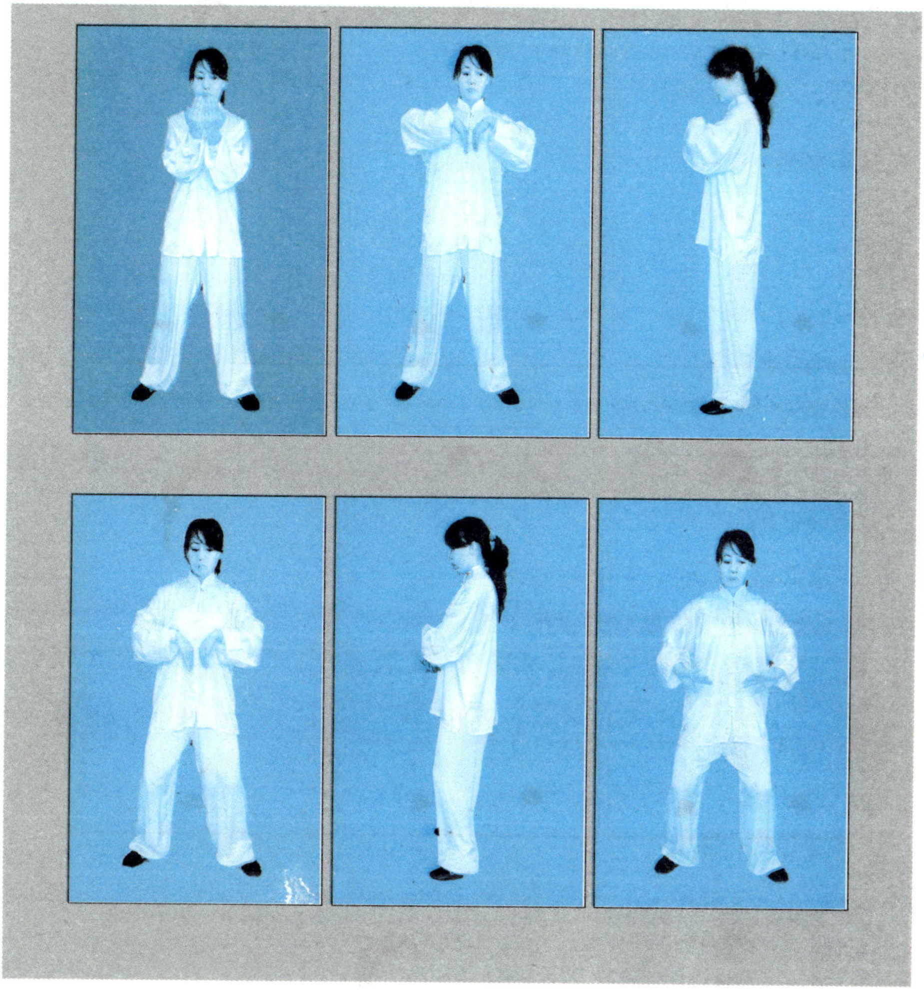

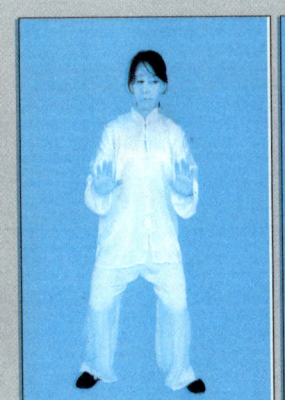

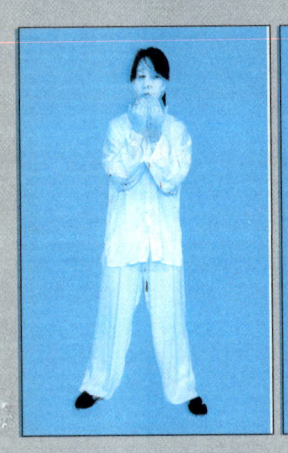

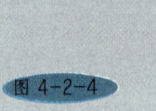
图 4-2-4

第三式 呼(hū)字诀

动作方法 见图4-2-5

（1）当上式最后移动两掌向前拨出后，外旋内翻，转掌心向内对肚脐，指尖斜相对，五指自然张开，两掌心间距与掌心至肚脐距离相等，目视前下方；

（2）两膝缓缓伸直，同时两掌缓缓向肚脐方向合拢，至肚脐前约10厘米处；

（3）略屈膝下蹲，同时两掌向外展开至两掌心间距与掌心至肚脐距离相等，两臂成圆形，并口吐"呼"字音，目视前下方；

（4）两膝缓缓伸直，同时两掌缓缓向肚脐方向合拢。

重复动作(3)(4)5遍。本式共吐"呼"字音6次。

技术要点

（1）"呼"字吐气法，"呼"音hū，为喉音，发声吐气时，舌两侧上卷，口唇撮圆，气从喉出后，在口腔中形成一股中间气流，经撮圆的口唇呼出体外；

（2）两掌向肚脐方向收拢时吸气，两掌向外展开时口吐"呼"字音。

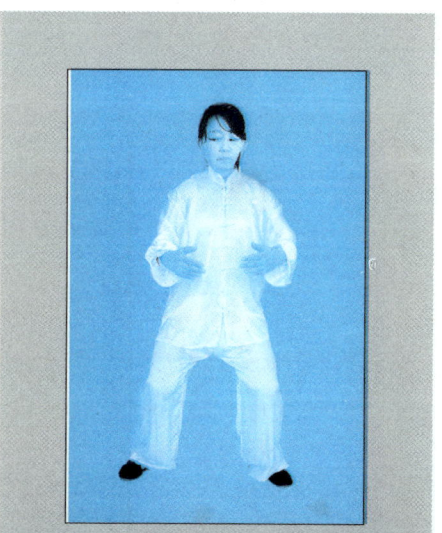

功法动作

两掌外开时挺腰凸腹。因此，应注意两掌外开时，身体后坐，臂掌外撑，手腰运动方向相反。

（1）中医认为，"呼"字诀与脾脏相应，口吐"呼"字具有泄出脾胃之浊气、调理脾胃功能的作用；

（2）通过两掌与肚脐之间的开合，外导内行，使整个腹腔形成较大幅度的舒缩运动，具有促进肠胃蠕动，健脾和胃，消食导滞的作用。

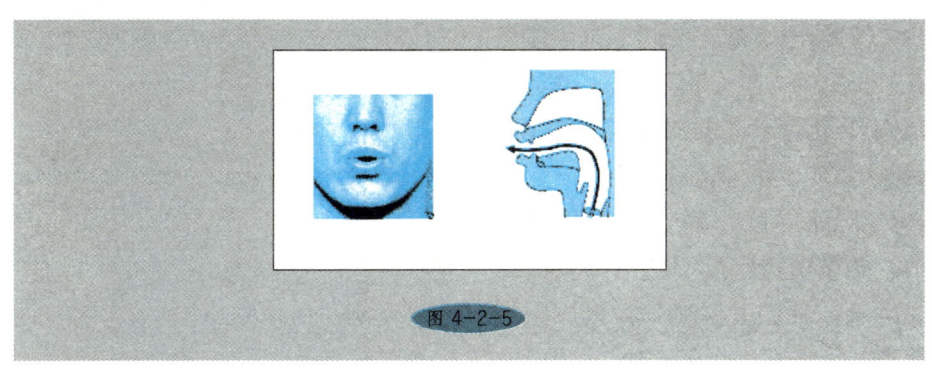

图 4-2-5

第四式 呬(sī)字诀

动作方法 见图 4-2-6

（1）接上式，掌自然下落，掌心向上，十指相对，目视前下方；

（2）两膝缓缓伸直，同时两掌缓缓向上托至胸前，约与两乳同高，目视前下方；

（3）两肘下落，夹肋，两手顺势立掌于肩前，掌心相对，指尖向上，两肩胛骨向脊柱靠拢，展肩扩胸，藏头缩项，目视斜前上方；

（4）略屈膝下蹲，同时松肩伸项，两掌缓缓向前平推逐渐转成掌心向前亮掌，同时口吐"呬"字音，目视前方；

（5）两掌外旋腕，转至掌心向内，指尖相对，约与肩宽；

（6）两膝缓缓伸直，同时屈肘，两掌缓缓收拢至胸前约 10 厘米，指尖相对，目视前下方；

(7)两肘下落，夹肋，两手顺势立掌于肩前，掌心相对，指尖向上，两肩胛骨向脊柱靠拢，展肩扩胸，藏头缩项，目视斜前上方；

(8)略屈膝下蹲，同时松肩伸项，两掌缓缓向前平推逐渐转成掌心向前，并口吐"呬"字音，目视前方。

重复动作(5)～(8)4遍。本式共吐呬 "字音6次。

技术要点

(1)"呬"字吐气法，"呬"字音 sī，为齿音，发声吐气时，上下门牙对齐，留有狭缝，舌尖轻抵下齿，气从齿间呼出体外；

(2)推掌时，呼气，口吐"呬"字音，两掌外旋腕，指尖相对，缓缓收拢时鼻吸气。

错误纠正

(1)立掌、展肩扩胸、藏头缩项同时完成。因此，应先立掌于肩前，后展肩扩胸，再藏头缩项。以上动作要依次完成。

(2)藏头缩项时头后仰。因此，应注意藏头缩项时，下颌应略内收。

（1）中医认为，"呬"字诀与肺相应，口吐"呬"字具有泄肺之浊气、调理肺脏功能的作用；

（2）展肩扩胸、藏头缩项的锻炼，令吸入的大自然之清气布满胸腔，同时小腹内收，使丹田之气也上升到胸中，先天、后天二气在胸中会合，具有锻炼肺的呼吸功能，促进气血在肺内的充分融和与气体交换的作用；

（3）立掌展肩与松肩推掌，可以刺激颈项、肩背部周围的穴位，并能有效地解除颈、肩、背部的肌肉和关节疲劳，防治颈椎病、肩周炎和背部肌肉劳损等病症。

功法动作

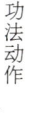

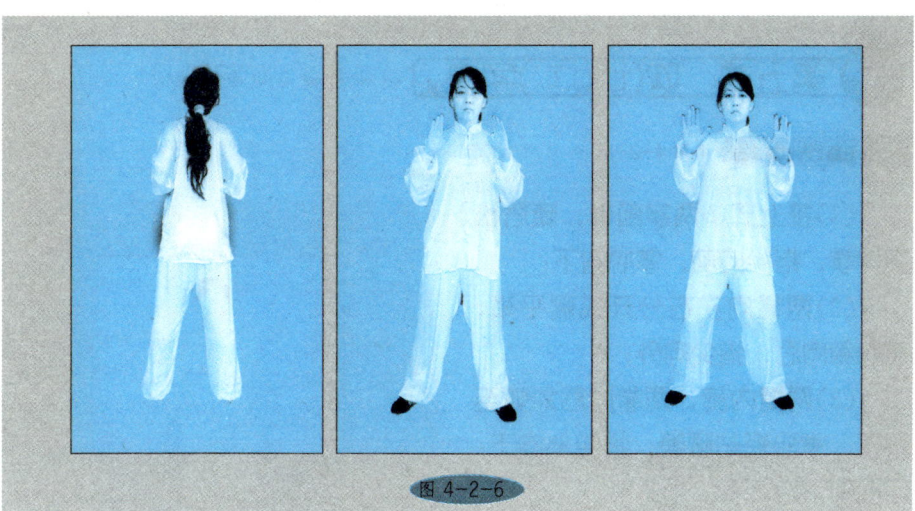

图 4-2-6

动作方法 见图4-2-7

（1）接上式，两掌前推，随后松腕伸掌，指尖向前，掌心向下；

（2）两臂向左右分开成侧平举，掌心斜向后，指尖向外；

（3）两臂内旋，两掌向后划弧至腰部，掌心轻贴腰眼，指尖斜向下；目视前下方；

（4）略屈膝下蹲，同时两掌向下沿腰骶、两大腿外侧下滑，后屈肘提臂环抱于腹前，掌心向内，指尖相对，约与脐平，目视前下方，两掌从腰部下滑时，口吐"吹"字音；

（5）两膝缓缓伸直，同时两掌缓缓收回，轻抚腹部，指尖斜向下，虎口相对，目视前下方；

（6）两掌沿带脉向后摩按；

（7）两掌至后腰部，掌心轻贴腰眼，指尖斜向下，目视前下方；

（8）略屈略下蹲，同时两掌向下沿腰骶、两大腿外侧下滑，后屈肘提臂环抱于腹前，掌心向内，指尖相对，约与脐平，目视前下方。

重复动作（5）～（8）4遍。本式共吐"吹"字音6次。

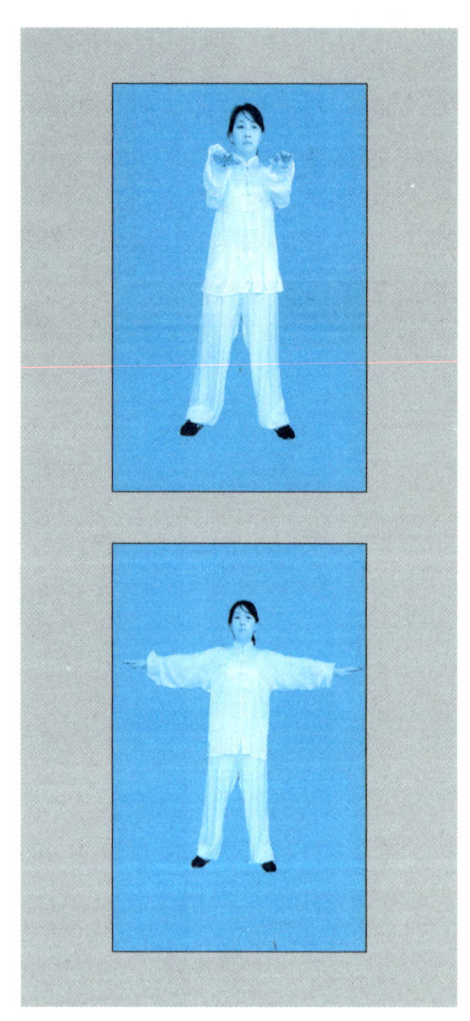

技术要点

（1）"吹"字吐气法，"吹"字音 chuī，为唇音，发声吐气时，舌体、嘴角后引，槽牙相对，两唇向两侧拉开收紧，气从喉出后，从舌两边绕舌下，经唇间缓缓呼出体外；

（2）两掌从腰部下滑，环抱于腹前时呼气，口吐"吹"字音，两掌向后收回、横摩至腰时以鼻吸气。

错误纠正

屈膝下蹲，两掌沿腰骶、双腿外侧下滑时，动作僵硬不自然。因此，两掌应自然松垂，体会滑落感。

功理与作用

（1）中医认为，"吹"字诀与肾相应，口吐"吹"字具有泄出肾之浊气、调理肾脏功能的作用；

（2）"腰为肾之府"，肾位于腰部脊柱两侧，腰部功能的强弱与肾气的盛衰息息相关，本式动作通过两手对腰腹部的摩按，具有壮腰健肾、增强腰肾功能和预防衰老的作用。

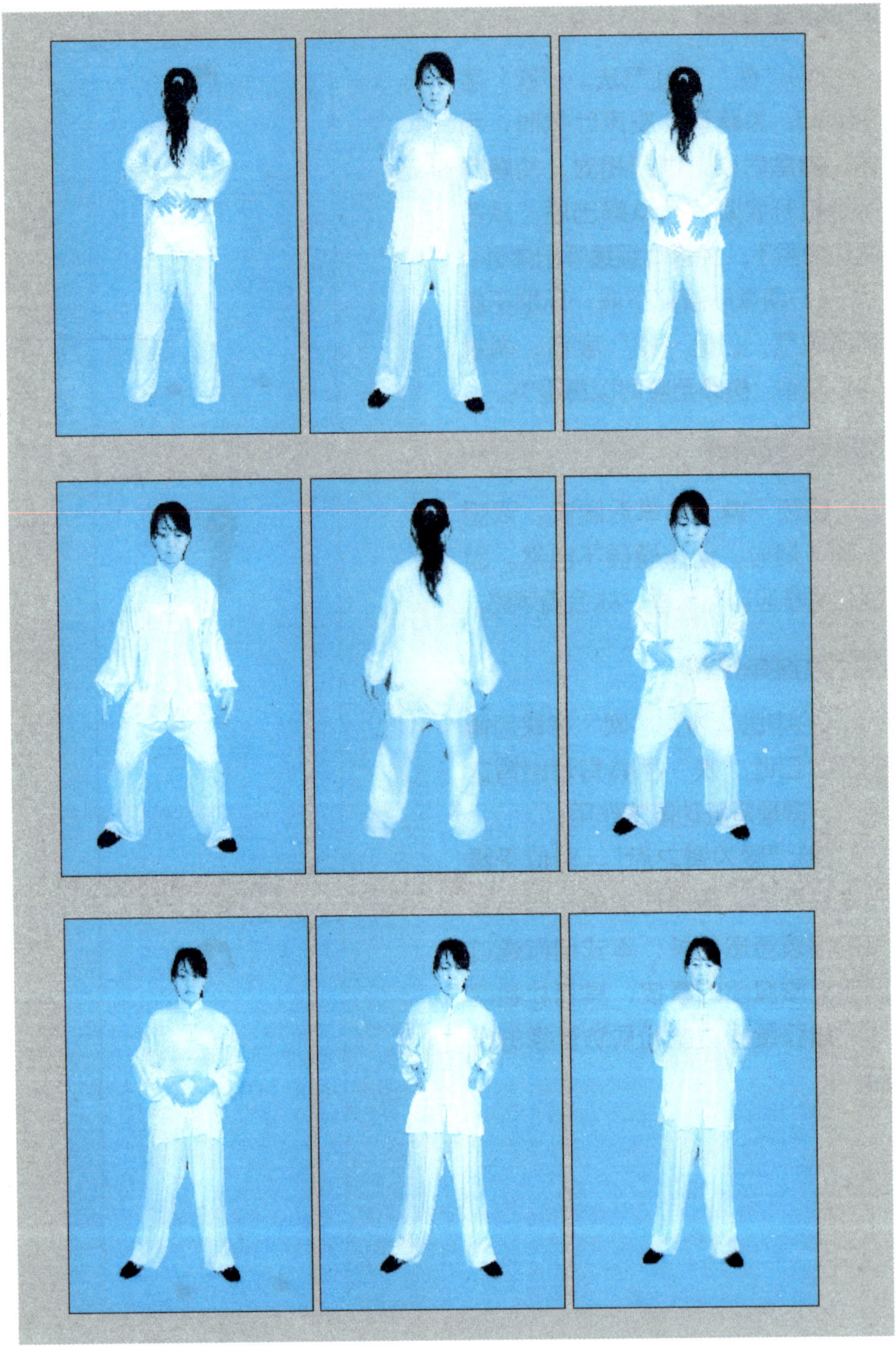

图 4-2-7

第六式 嘻(xī)字诀

动作方法 见图 4-2-8

（1）接上式，两掌环抱，自然下落于体前，目视前下方，两掌内旋外翻，掌背相对，掌心向外，指尖向下，目视两掌；

（2）两膝缓缓伸直，同时提肘带手，经体前上提至胸，随后两手继续上提至面前，分掌、外开、上举，两臂呈弧形，掌心斜向上，目视前上方；

（3）屈肘，两手经面部前回收至胸前，约与肩同高，指尖相对，掌心向下，目视前下方，然后，略屈膝下蹲，同时两掌缓缓下按至肚脐前；

（4）两掌继续向下、向左右外分至髋旁约 15 厘米处，掌心向外，指尖向下，目视前下方，从上动两掌下按开始配合口吐"嘻"字音；

（5）两掌掌背相对合于小腹前，掌心向外，指尖向下，目视两掌；

（6）两膝缓缓伸直，同时提肘带手，经体前上提至胸，随后，两手继续上提至面前，分掌、外开、上举，两臂呈弧形，掌心斜向上，目视前上方；

（7）屈肘，两手经面部前回收至

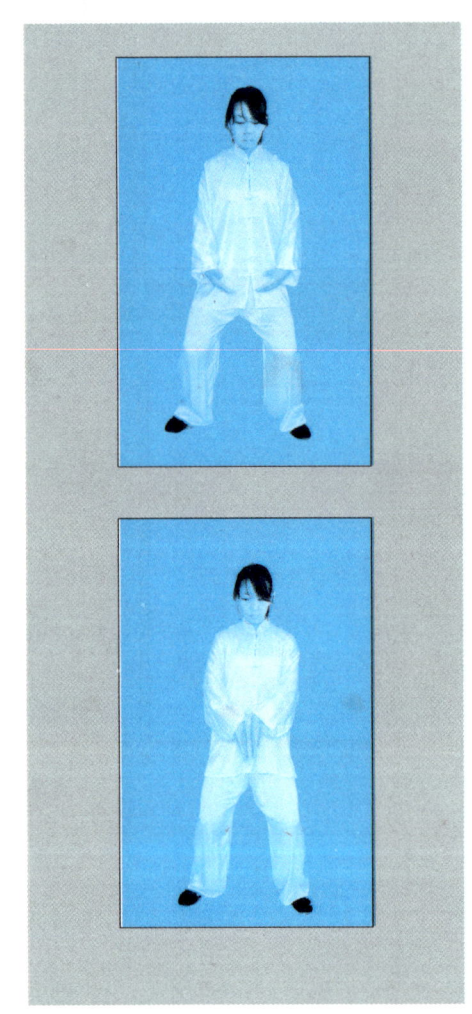

胸前，约与肩同高，指尖相对，掌心向下，目视前下方，然后略屈膝下蹲，同时两掌缓缓下按至肚脐前，目视前下方；

（8）两掌顺势外开至髋旁约15厘米，掌心向外，指尖向下，目视前下方，从上动两掌下按开始配合口吐"嘻"字音。

重复动作(5)～(8)4遍。本式共吐"嘻"字音6次。

🌸 技术要点

（1）"嘻"字吐气法，"嘻"字音xī，为牙音，发声吐气时，舌尖轻抵下齿，嘴角略后引并上翘，槽牙上下轻轻咬合，呼气时使气从槽牙边的空隙中经过呼出体外；

（2）提肘、分掌、向外展开、上举时鼻吸气，两掌从胸前下按、松垂、外开时呼气，口吐"嘻"字音。

🌸 错误纠正

接"吹"字诀两臂前摆两掌自然垂落时，直膝起身。因此，两掌自然垂落时，应保持屈膝姿势。

功理与作用

（1）中医认为，"嘻"字诀与少阳三焦之气相应，口吐"嘻"字有疏通少阳经脉、调和全身气机的作用；

（2）通过提手、分掌、外开、上举和内合、下按、松垂、外开，分别可以起到升开与肃降全身气机的作用，二者相反相成，共同达到调和全身气血的功效。

图 4-2-8

六字诀功法理论

动作方法　见图 4-2-9

（1）接上式，两手外旋内翻，转掌心向内，缓缓抱于腹前，虎口交叉相握，轻抚肚脐，同时两膝缓缓伸直，目视前下方，静养片刻，两掌以肚脐为中心揉腹，顺时针 6 圈，逆时针 6 圈；

（2）两掌松开，两臂自然垂于体侧，目视前下方。

技术要点

形松意静，收气静养。

错误纠正

手部动作不准确。因此，应掌握动作方法。

功理与作用

通过收气静养按揉脐腹，由炼气转为养气，可以达到引气归元的目的，进而使练功者从练功状态恢复到正常状态。

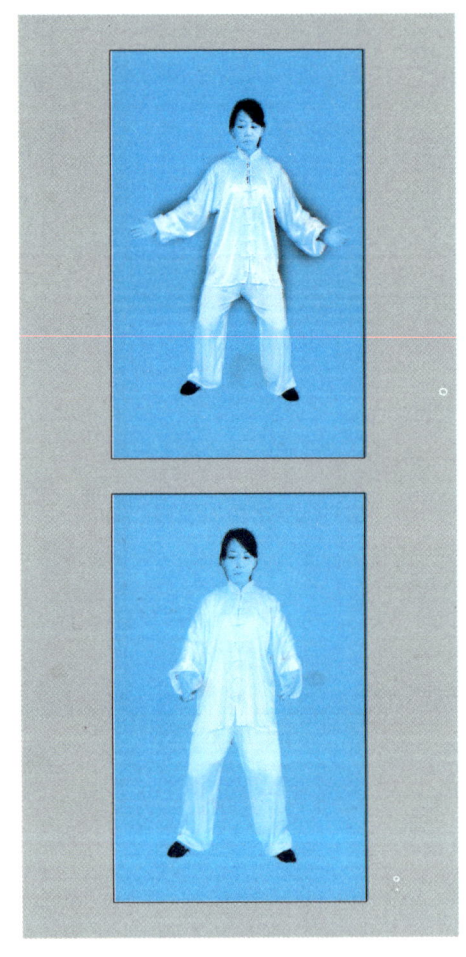

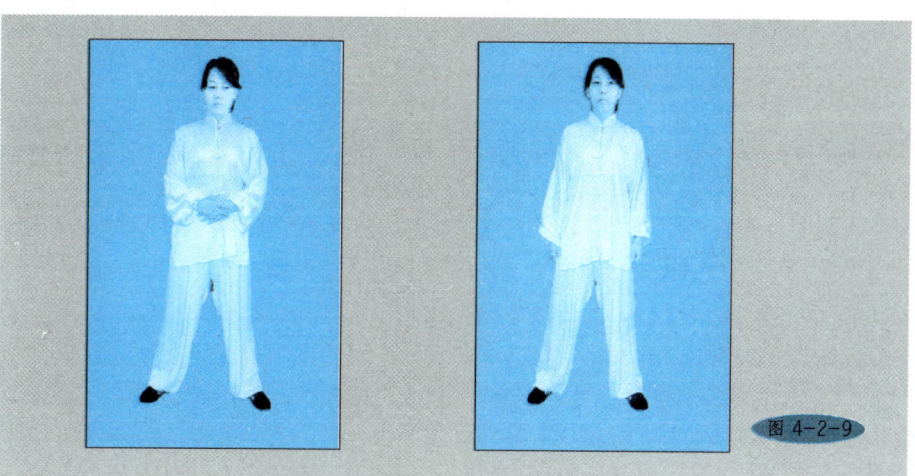

图 4-2-9

功法动作

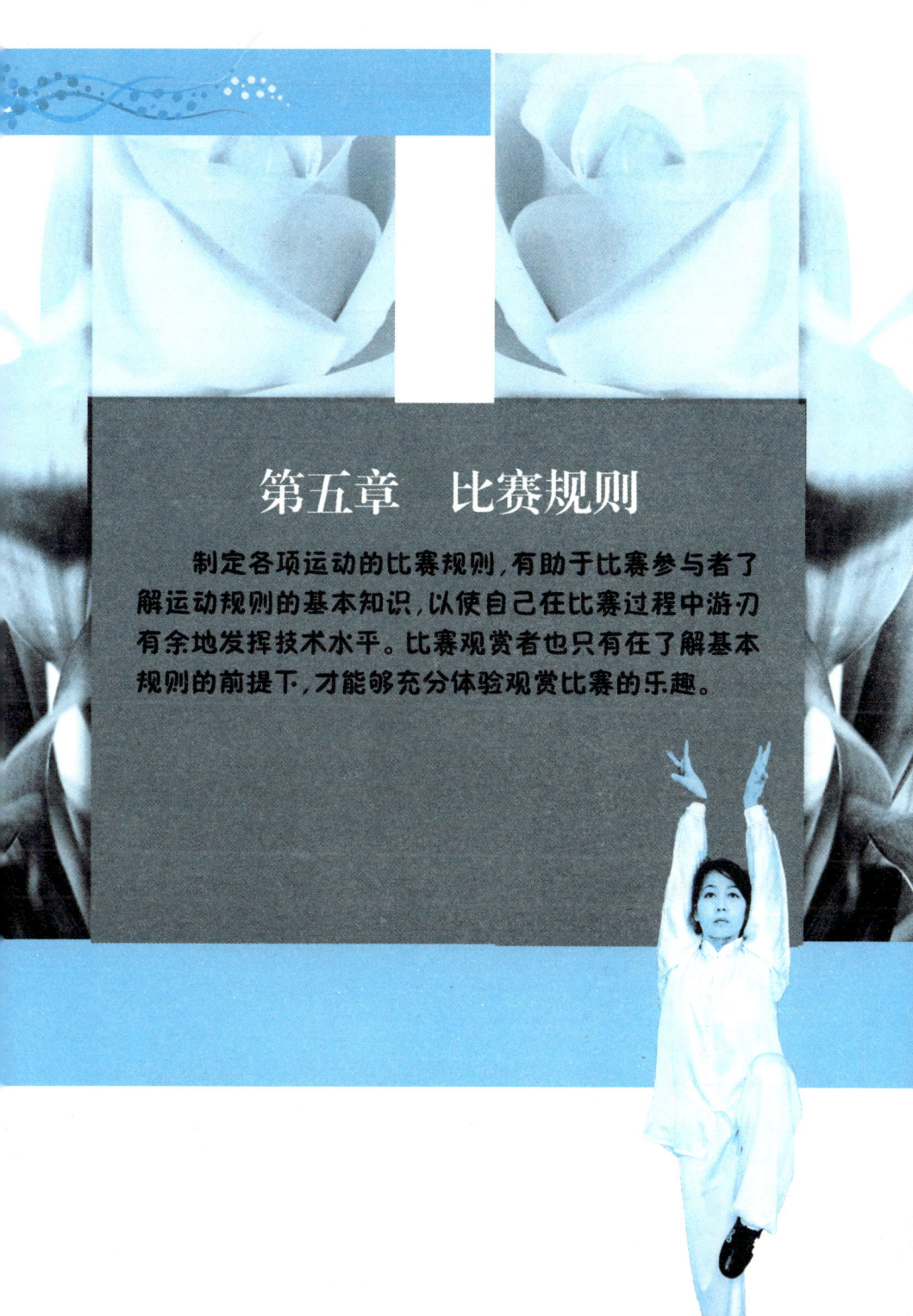

第五章　比赛规则

　　制定各项运动的比赛规则，有助于比赛参与者了解运动规则的基本知识，以使自己在比赛过程中游刃有余地发挥技术水平。比赛观赏者也只有在了解基本规则的前提下，才能够充分体验观赏比赛的乐趣。

第一节

比赛方法

　　运动员要按照一定的方法进行比赛，并须遵循一定的规则，以使比赛有序进行。

　　五禽戏、六字诀的比赛类别有个人赛、集体赛和团体赛三种。

❀ 确定顺序

　　参赛队员通过抽签来决定比赛顺序。

❀ 赛前检录

　　参赛队员在赛前 30 分钟到达指定地点报到，参加第一次检录，赛前 10 分钟进行第二次检录，未能按时参加检录和上场比赛者按弃权处理。

❀ 向裁判长施礼

　　参赛队员听到上场点名和完成比赛后，应向裁判长施礼。

第二节

裁判方法

在比赛过程中,裁判人员通过履行职责,进行正确的裁判工作,来保证比赛的公平、公正。

裁判人员

组成

(1)总裁判长 1 名,副总裁判长 1~2 名;

(2)裁判长 1 名,A 组裁判员 3 名,B 组裁判员 3 名;

(3)编排记录长 1 名;

(4)检录长 1 名。

职责

(1)总裁判长负责组织比赛的全部裁判工作,检查落实比赛前各项准备工作,保证比赛规则的执行,有权纠正裁判人员的错误,审核并宣布比赛成绩,负责大会的裁判工作总结;

(2)副总裁判长协助总裁判长工作,在总裁判长缺席时代行总裁判长职责;

(3)裁判长负责组织具体的裁判工作,并按规则规定进行记分;

(4)A 组裁判员负责队员动作规格评分,B 组裁判员负责队员演示水平评分;

(5)编排记录长负责审查报名表及相关材料,编排比赛秩序册,审核比赛成绩及比赛名次排列等;

(6)检录长按照比赛顺序及时进行检录,检查上场队员服装、核对号码,引导队员入场,向裁判长报送队员检录表。

五禽戏、六字诀比赛采取 A 组裁判员扣分、B 组裁判员给分和裁判长扣分相结合的评分方法。满分为 10 分，其中动作规格初始分为 5 分，演示水平最高分为 5 分。

动作规格分由 A 组裁判员以扣分的方式给出，下列错误类型每出现一次扣 0.1 分，扣分累计不得超过 4 分（含 4 分）。同一错误在同一动作中出现多次，同一动作出现多种错误或多人次在同一动作中出现错误，累计扣分最高为 0.4 分。

(1)动作类。动作不符合功法规格标准，不规范的口型和发音。

(2)平衡类。不属规范动作内的肢体移动、晃动。

(3)呼吸类。明显的气喘或憋气。

(4)神态类。意念不集中的分神、走神。

(5)其他类。遗忘动作，动作与背景音乐不合拍。

演示水平分有 3 个档次，每个档次分为 3 级，共分 9 个分数段。B 组裁判员的给分方法是，先确定给分的档次，再确定给分的级别，最小给分单位为 0.05 分。

 **档次与级别** 见表 5-2-1

表 5-2-1

档次	级别	分数
优秀	1级	5.00～4.80
	2级	4.75～4.50
	3级	4.45～4.10
良好	1级	4.00～3.80
	2级	3.75～3.50
	3级	3.45～3.10
一般	1级	3.00～2.80
	2级	2.75～2.50
	3级	2.45～2.10

评判标准

（1）凡动作规范、呼吸顺畅、意念集中、演示神韵与项目规格标准及特点融合，动作和队形整齐、动作与背景音乐和谐一致者，视为优秀；

（2）凡动作较规范、呼吸较顺畅、意念较集中、演示神韵与项目规格标准及特点较融合、动作和队形较整齐、动作与背景音乐配合较一致者，视为良好；

（3）凡动作不规范、呼吸不顺畅、意念不集中、演示神韵与项目规格标准及特点不融合、动作和队形不整齐、动作与背景音乐配合不一致者，视为一般。

裁判长对以下情形进行扣分：

（1）比赛中因参赛队员个人因素造成的重做扣 1 分；

（2）参赛队员演示结束时间每提前或滞后 3 秒扣 0.1 分，累计扣分不超过 0.3 分；

（3）集体赛中每多或缺 1 名参赛队员扣 0.5 分；

（4）着装不符合指定的式样扣 0.1～0.3 分。

最后得分的计算方法为：

（1）A 组 3 名裁判员评分的平均值为队员的动作规格分；

（2）B 组 3 名裁判员评分的平均值为队员的演示水平分；

（3）动作规格分和演示水平分计算到小数点后第二位数，小数点后第三位数不做四舍五入；

（4）队员的动作规格分与演示水平分之和，减去裁判长扣分，为其最后得分。

个人赛和集体赛名次

（1）按比赛成绩由高到低排列名次；

（2）比赛成绩相等时，演示水平分高者列前，如仍相等以动作规格分高者列前，如仍相等以动作规格分平均值计算前的最高分高者列前，如仍相等名次并列。